O MUNDO QUE HABITA EM NÓS

Liliane Prata

O MUNDO QUE HABITA EM NÓS

*Reflexões filosóficas
e literárias para
tempos (in)tensos*

6.9 instante

© 2019 Editora Instante
© 2019 Liliane Prata

Direção Editorial: **Silvio Testa**

Coordenação Editorial: **Carla Fortino**
Revisão: **Andréa Vidal** e **Juliana de A. Rodrigues**
Capa e diagramação: **Estúdio Dito e Feito**
Ilustração de capa: **Lole**

1ª Edição: 2019 | 4ª Reimpressão: 2023
Dados Internacionais de Catalogação na Publicação (CIP)
(Laura Emília da Silva Siqueira CRB 8/8127)

Prata, Liliane.
   O mundo que habita em nós: reflexões filosóficas
e literárias para tempos (in)tensos /
Liliane Prata. 1ª ed. — São Paulo:
Editora Instante : 2019.

   ISBN 978-85-52994-11-4

   1. Filosofia 2. Literatura brasileira
   I. Prata, Liliane.

CDU 130.2   CDD 100

Índices para catálogo sistemático:
1. Filosofia
2. Literatura brasileira
   100

Direitos de edição em língua portuguesa exclusivos
para o Brasil adquiridos por Editora Instante Ltda.

Texto fixado conforme o Acordo Ortográfico da Língua
Portuguesa de 1990, em vigor no Brasil a partir de 2009.

www.editorainstante.com.br
facebook.com/editorainstante
instagram.com/editorainstante

O mundo que habita em nós: reflexões
filosóficas e literárias para tempos (in)tensos
é uma publicação da Editora Instante.

Este livro foi composto com as fontes Arnhem
e Pluto e impresso sobre papel Pólen Bold 90g/m²
em Edições Loyola.

*Para todos os que sentirem vontade
de ler este livro.*

"Ontem no entanto perdi durante horas e horas a minha montagem humana. Se tiver coragem, eu me deixarei continuar perdida. Mas tenho medo do que é novo e tenho medo de viver o que não entendo — quero sempre ter a garantia de pelo menos estar pensando que entendo, não sei me entregar à desorientação. Como é que se explica que o meu maior medo seja exatamente em relação: a ser? e no entanto não há outro caminho."

Clarice Lispector,
A paixão segundo G.H.

Sumário

10 | *Apresentação* | **APRECIE COM (C)ALMA**
　　　por Mil sons

14 | **VAMOS COMEÇAR?**

22 | *Parte 1* | **O "NÓS" QUE HABITA O "EU"**
　　23 | *1. Solidão, que nada*
　　29 | *2. A montagem humana*

36 | *Parte 2* | **O APAGAMENTO DO OUTRO**
　　37 | *1. Crise alérgica ao mundo*
　　56 | *2. Parecer versus ser*
　　73 | *3. Pressa, busca do prazer*
　　　　　e perda da singularidade

88 | *Parte 3* | **MUROS E CARÊNCIAS**
    89 | *1. Adequações e escolhas*
    101 | *2. Medo e controle*

116 | *Parte final* | **O *SI MESMO* NO MUNDO**
    117 | *1. O encontro com o si mesmo*
    125 | *2. O fortalecimento do si mesmo*

132 | **ALGUNS DOS LIVROS QUE HABITARAM EM MIM AO ESCREVER ESTE LIVRO**

136 | *Sobre mim*

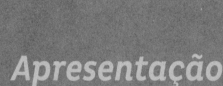

Apresentação

APRECIE COM (C)ALMA

Há que ter mãos gentis e firmes ao receber este livro-rebento parido do coração de Liliane Prata. As letras inscritas carregam o sonho de longas e profundas contrações anteriores à obra. Livro para apreciar com (c)alma, imersão nas terras do "Eu-tu" em busca do *si mesmo*.

Liliane começa a obra com divagações criativas sobre a solidão contemporânea. Exclamações-estranhamento diante do excesso de estímulos, curtidas e presenças difusas. O conceito de "indivíduo" estabelece cisão com o mundo, inaugurando o desamparo e a falsa concepção do "eu" sem o "tu". A autora esgarça a obviedade, revelando, no fulcro do "eu", outros. São parágrafos talhados com perguntas-espanto, Sócrates de volta às praças. Nietzsche, Espinosa e Lin Yutang são convocados para sustentar a tese de que somos influenciados por forças do coletivo; reconhecê-las no mundo dos afetos abre os portais para escolhas em direção à potência e ao devir.

A obra prossegue com mergulhos poético-filosóficos no narcisismo expectante. Angústias, frustrações e decepções, nascidas das armadilhas idealizadas ante possibilidades reais. Utilizando desde imagens doces (brigadeiro) até perguntas dilacerantes ("Como fazer para, a partir das nossas percepções, enxergar melhor o mundo?"), a inquieta autora, em companhia de Kant, conclama-nos a experimentar novos sabores, olhar com outras lentes e abrir as percepções para o desconhecido. Primorosas são as reflexões sobre o mundo das aparências e do *si mesmo*, em diálogo com pensadores contemporâneos, indagações sobre redes sociais, aprisionamento do espetáculo e encenações. A tese de que o mundo da encenação nos leva à distância do *si mesmo* é criativamente defendida através de exemplos simples e sofisticados.

No capítulo 3, Liliane localiza na sociedade do consumo convites incessantes para o prazer. Prazer-fogo-fátuo. O hedonismo vigente exclui a relação criativa com os processos e a necessidade de lidar com a parte escura de tudo. O desejo parece o caminho ideal para encontrar a felicidade. Mas quem deseja em nós? Quais quereres são genuínos? O que almeja o *si mesmo*? O convite é de recuo e imersão no mundo de dentro. Há sugestões valiosas para ultrapassar o prazer pelo prazer. Embora a autora nomeie como "Parte final" o último capítulo, sinto que há ali algo iniciático. O *si mesmo* é revelado como núcleo do mistério. Sabidamente é porto seguro, mas desses que exigem navegação.

Liliane escreve como quem fala servindo um café, presença irradiante-mineira repleta de poderosos afetos — me parece imagem do *si mesmo* pulsante desta obra. Desejo, estimado(a) leitor(a), que você caminhe com este livro por esse mundão cheio de maravilhas. É um tratado poético-filosófico dos mais nobres. Mil léguas distante da autoajuda, milimetricamente próxima do coração humano, demasiado humano, a obra de Liliane nos cativa com seu sorriso, choro sentido, espontaneidade e, sobretudo, integridade. Como são belos os seres íntegros, ancorados no *si mesmo*. Ébrio, entrego em suas mãos o filhote lilianesco: ame-o por sua conta e risco.

> "Passava os dias ali, quieto, no meio das coisas miúdas. E me encantei."
>
> Manoel de Barros

Mil sons

(Milson dos Santos),
psicanalista junguiano e
acompanhante terapêutico

VAMOS COMEÇAR?

No meu desktop, mantenho uma foto da galáxia de Andrômeda, e gosto de olhar para ela como se estivesse fazendo uma espécie de *terapia das galáxias*. Andrômeda funciona como um bom lembrete da minha insignificância. Se esqueço que Andrômeda está lá, fico muito focada em mim, e o que eu sou, perto de Andrômeda? De acordo com dados disponíveis no site da NASA, há 200 bilhões de galáxias no universo observável — somos nada. Leio em uma matéria do jornal britânico *The Guardian* que cada vez mais astrônomos e cientistas falam em "multiverso" — mais um golpe no nosso ego. Estamos viajando na Terra assim como tantas estrelas, tantos planetas, tantos corpos vistos pelo telescópio e tantos mistérios, cercados por pessoas que estão aqui hoje e que vão morrer amanhã. Nosso planeta existe há mais de 4 bilhões de anos, e eu, você e nossos amigos nascemos quando? Vinte, quarenta, sessenta anos atrás? Como somos desimportantes.

Por outro lado...

Somos, cada uma e cada um de nós, seres tão complexos e ricos. Nosso interior é vasto demais, e é sempre um pouco assustador pensar que não há absolutamente ninguém no mundo igual a nós. Não só com a mesma digital, mas com a mesma história de vida, as mesmas experiências, enfim, o mesmo "pacote existencial". Somos únicas, únicos. Para ser quem a gente é, somos resultado de tantos fatores, carregamos tantas nuances, tantas semelhanças, tantas diferenças que não dá para entender a gente assim, como se fôssemos qualquer nota. Os conhecimentos acumulados ao longo da história da humanidade, que vão da delicadeza de um ponto de bordado a uma pintura, uma vacina, um software, só são tão extensos porque cada ser humano carrega um oceano de possibilidades nessa dança entre seu multiverso interior e o multiverso lá fora.

Somos tudo ou somos nada? Somos tudo *e* somos nada, e nesse "e" reside uma das tantas tensões que fazem de nós, seres humanos, tão complexos. Mas esse é apenas um dos nossos emaranhados. Há outros, bem característicos dos tempos (in)tensos em que vivemos. São emaranhados que nos têm lançado para longe do mistério e da vastidão do multiverso e dos nossos vizinhos de vida e de mundo, e nos aprisionado em espirais mentais, achatando nossa experiência de estar vivo. Todos os dias, observo as angústias e demais desdobramentos dessas prisões. Leio as mensagens que recebo nas redes sociais de pessoas que desabafam comigo sobre estarem se sentindo perdidas, vazias, ansiosas; observo o mundo em que habito e o mundo que habita em mim. Tudo isso tem me trazido muita inquietação ultimamente, e foi por isso que escrevi este livro.

Como o mundo tem habitado em você?

— • —

Temos andado tão angustiados com quem (achamos que) deveríamos ser, com quem (achamos que) os outros deveriam ser e como (achamos que) a vida deveria ser, que acabamos desfrutando pouco do que somos, dos que os outros são, do que a vida é. Mais: acabamos nos afastando muito de quem somos e, com isso, nos sentimos perdidos, ansiosos e sem saber o que queremos de verdade. Mas, afinal, quem nós somos?

Frequentemente, não nos damos conta de quais dos "nossos" pensamentos e comportamentos fazem mesmo sentido para nós, e quais estamos apenas reproduzindo por termos aprendido que são os "corretos", os "naturais". Até que ponto somos assim tão donos de nossos pensamentos e emoções? Por exemplo, alguém que aprendeu a ter raiva de certo grupo ou situação pode passar a vida reproduzindo essa raiva, como se ela fosse absolutamente "sua", quando se trata apenas de repetição do que, um dia, foi entendido como o "certo". O que dizer da tensão circundante que paira ao nosso redor, em uma sociedade tão raivosa como a nossa? Quanto da raiva que circula em nosso interior não é diariamente captada para dentro, como que inalada com o ar?

E quem é esse "você" que briga com os próprios pensamentos? Até que ponto esses "próprios" pensamentos são tão seus assim, tal como suas "próprias" escolhas, se, afinal, você, como todos nós, é influenciado o tempo todo pelo que aprendeu desde cedo e por tudo aquilo que vê, que escuta, que entende como "verdade"? Quantos "vocês" habitam aí dentro do seu corpo? Quem é você? Como se tornou quem é hoje? Você se sente à vontade com o seu "eu" ou um pouco desconectado dele? Afinal, o que é isto que chamamos de "eu"?

Penso na fala do personagem interpretado por Michel C. Hall no filme *Christine*, de Antonio Campos: "É como se cada um de nós tivesse diferentes versões competindo para ver qual delas é o eu verdadeiro". Talvez você se pergunte se existe um "eu verdadeiro", se isso não seria uma invenção, uma construção, uma colagem de tudo o que aprendemos ao longo da vida; se faz sentido, enfim, falar em quem somos "de verdade". Faz sentido buscar nos conectar com nossa "essência", nossa "natureza", esse tipo de coisa? É possível separar nossos pensamentos daquilo que nos foi ensinado ao longo da vida em sociedade e alcançar nosso eu mais selvagem, digamos, nosso eu mais livre, mais cristalino e descontaminado? É disso que se trata?

Essas são questões antigas na filosofia, na literatura, na psicologia, no misticismo.

"Até onde se pode ser realmente livre? Como seria um ser humano totalmente livre, sem nenhuma repressão, sentindo que, no entanto, ele faz parte de um mundo caótico e que milita contra a sua liberdade? Se você sentir que o teu 'eu' está sofrendo uma deterioração na sua parte mais funda e autêntica, no seu âmago álmico — o que poderia acontecer depois?"

Hilda Hilst, *Fico besta quando me entendem*

Não é simples, e talvez nem interesse a muitos de nós, buscar uma resposta para isso que chamamos de eu. Porém, é muito concreta a sensação de vazio, de estar perdido, quando nos distanciamos de nós mesmos. Quando sentimos um desencaixe profundo entre quem somos e quem achamos que somos, quando existe um abismo entre aquele que somos e aquele (aqueles) que parecemos ser, quando suspeitamos que, no fundo, estamos vivendo uma vida que não é nossa. É por isso que é tão crucial parar um pouco e se debruçar sobre a questão, pelo menos uma vez na vida. Silenciar os ruídos lá fora, desligar o celular, respirar e tatear o seu dentro.

Se nunca foi tão difícil viver, não sabemos ao certo. Afinal, olhamos a história da humanidade a partir de onde nos encontramos hoje, e é tentador cair na armadilha do "Antigamente é que era bom" (quando alguém diz isso, um amigo meu adora ironizar: "Ah, verdade, na Idade Média é que era bom!"). De todo modo, se cada época teve seu *ethos*, ou seu cansaço característico, anda bem difícil lidar com o cansaço da nossa época. Peço licença aos nossos antepassados para me concentrar nos tempos em que vivemos. Por que estamos tão exaustos?

Não são poucos os autores e autoras que, ao analisar a contemporaneidade, têm se debruçado sobre o fato de estarmos nos perdendo em um redemoinho de idealizações, imediatismos, comparações, angústias e frustrações, de estarmos míopes para a alteridade e confundindo narcisismo com amor-próprio. Gosto de pensar essas questões nestes termos simples: temos sido lançados para cada vez mais longe de nós mesmos, e isso tem nos arremessado para longe dos outros seres humanos e do mundo.

> "Tenho sangrado demais, tenho chorado pra cachorro/ Ano passado eu morri, mas esse ano eu não morro."
> Belchior, *Sujeito de sorte*

Muitos e muitas de nós têm sentido um vazio recorrente, experimentado uma falta de sentido na vida. Muitos andam hipersensíveis às suas dores e desenvolvendo uma certa alergia ao mundo, este mundo ameaçador que nos enche ora de melancolia, ora de raiva. A melancolia, sabemos, pode extinguir nossa vontade de viver. E a raiva, fermentada pela imaginação, transforma-se em ódio: ódio ao outro, ódio à diferença, ódio ao mundo, este mundo que mal está se enxergando, este mundo tão mediado por inúmeras camadas de fantasias e expectativas. Para tantos e tantas de nós, é como se o contato consigo mesmo e com seu entorno estivesse tão enevoado que só é possível sentir que se está vivo se os sentidos estiverem muito estimulados por excessos de todo tipo. Como se fosse preciso colocar um pote inteiro de sal na comida para finalmente sentir seu sabor.

Como estamos sendo lançados para longe de nós mesmos e nós mesmas? Como atravessar essa separação e seguir irradiados pela sensação de estarmos vivos, atentos e conscientes, em vez de desanimados ou cambaleantes entre o tédio e os

> "Acontece que eu não estava conduzindo nada, nem a mim mesma. [...] Imagino que eu deveria estar entusiasmada como a maioria das outras garotas, mas eu não conseguia me comover com nada (Me sentia muito calma e muito vazia, do jeito que o olho de um tornado deve se sentir, movendo-se pacatamente em meio ao turbilhão que o rodeia)."
>
> Sylvia Plath,
> *A redoma de vidro*

delírios de grandeza e euforia? Como sentir, no final de nossa vida, que fomos nós que a vivemos, e não um simulacro de nós? Como sentir que fomos nós mesmos que vivemos nossa vida, e não nossa cópia mais malfeita, não uma caricatura de nós?

Ironia contemporânea: com tantos abismos que nos distanciam de nós mesmos, nunca foi tão importante o antigo "Conhece a ti mesmo" do Oráculo de Delfos, a inscrição no templo grego em homenagem a Apolo.

As reflexões que compartilho neste livro são fruto das minhas leituras de ficção, poesia, filosofia, psicologia e outras áreas de conhecimento e do que vivi na meditação, na análise, nos encontros com as tantas pessoas que encontrei desde meu nascimento, nos meus momentos de lucidez e de loucura, nos sustos, lágrimas e risos, na auto-observação e na observação do mundo. Espero que, após a leitura, você ganhe mais consciência de si mesma/si mesmo, aumente sua compreensão sobre as distâncias e os emaranhados entre você e as coisas, distinga com mais clareza o que quer daquilo que não quer para você, e sinta mais profundamente, com mais graça do que frustração, a experiência de estar vivo.

Boa leitura!

> "Se você fosse você, como seria e o que faria? Logo de início, se sente um constrangimento: a mentira em que nos acomodamos acabou de ser levemente locomovida do lugar onde se acomodara."
>
> Clarice Lispector,
> *Se eu fosse eu*

Parte 1

O "NÓS" QUE HABITA O "EU"

1. Solidão, que nada

Em suas *Meditações metafísicas*, escritas no século XVII, o filósofo francês René Descartes nos define a partir de nossa faculdade de pensar: é o famoso "Penso, logo existo". Ou seja: sei que existo porque penso. E penso a respeito do quê? Do mundo lá fora, um mundo supostamente tão separado de nós que podemos colocá-lo entre parênteses para procurar entender, aqui, da nossa cabeça, o que se passa nele.

Esse jeito de nos enxergar como apartados do nosso entorno é bem comum no dia a dia. Temos o hábito de entender o nosso estar no mundo como se isso se desse entre duas pontas: de um lado, nós; do outro, o mundo. Eu sou eu, e o mundo, e as partículas gasosas que entram no meu nariz quando respiro, e o vizinho, e o som que chega aos meus ouvidos, tudo isso estaria fora de mim. É como se o outro — nosso cônjuge, nossos parentes, amigos, colegas e também os desconhecidos com quem cruzamos no metrô, no ônibus, na padaria, assim como o doce que comemos, a roupa que usamos, o filme a que assistimos, as flores, o céu, enfim, tudo o que está para lá dos nossos limites corporais — estivesse muito separado de nós: esse outro nos afeta e nós o afetamos, mas cada um no seu canto, como se estivéssemos jogando uma partida de tênis e nossas interações fossem a bolinha.

Mas será que estamos tão separados assim? Não seria a nossa relação com o mundo algo muito mais *amalgamado*? Perceba que nosso interior está encharcado do que vem de fora, de modo que esse "fora" não é tão exterior assim. Aliás, vamos nos lembrar de algo importante: pensamos com palavras, num idioma que não fomos nós que inventamos; nesse sentido, as palavras são externas a nós. Assim, o sujeito cartesiano que se fechou para pensar sobre o mundo não está tão fechado como julga: está pensando sobre o mundo usando palavras que aprendeu no mundo.

"Quanto do desejo mora/ na palavra desejo?"

Ana Martins Marques,
O livro das semelhanças

É por causa dessa nossa união com o mundo que o filósofo alemão Peter Sloterdijk vai falar das relações em termos de esferas de intimidade. Quando nos relacionamos, não há bem um "nós" e um "outro", um "sujeito" e um "objeto", mas espaços de intimidade compartilhados. Dois exemplos nos ajudam a entender isso melhor:

Gostamos de pensar que "temos" ideias sobre as coisas; se escrevi este livro, eu tive a ideia de escrevê-lo. Sim, escrevi este livro, tive a ideia, estamos de acordo quanto a isso. Mas até que ponto as minhas ideias são tão minhas assim, se estou no mundo? Se eu tivesse nascido e crescido em uma caixa, como teria ideias? Tenho ideias porque li, ouvi, vi, senti; porque, enfim, troquei com os outros, fui visitada por eles ao mesmo tempo que os visitava.

Outro exemplo: se digo a meus amigos que hoje não vou sair de casa porque quero ficar "sozinha", lendo um livro, até que ponto esse "sozinha" é "solitário" se o livro que estou lendo foi escrito por outra pessoa? Estou lendo um livro que não fui eu que escrevi, sentada num sofá que não fui eu que fabriquei, em um apartamento num prédio que não fui eu que construí, vestindo uma roupa que não costurei: foram outras pessoas. Vemos filmes e séries que outros fizeram, andamos por ruas que outros pavimentaram, compramos coisas usando uma moeda que faz parte de todo um sistema financeiro que não criamos. Para não falar do ar que inalamos, da água que bebemos, do fogo que aquece nossa comida.

E falamos que estamos sozinhos... Que solidão mais acompanhada essa nossa!

Só o fato de termos nascido já nos coloca irremediavelmente colados ao outro: só estamos aqui porque um dia fomos alimentados por uma placenta e amparados nos nossos primeiros anos de vida. Podemos carregar todos os traumas de uma infância sofrida, mas essa infância só nos foi possível porque outro, mal ou bem, cuidou de nós. Se, na nossa chegada ao mundo, fomos bem acolhidos ou, ao contrário, hostilizados, o quanto disso determina como nos vemos e como vemos o mundo? Em outras palavras: o quanto do modo como o outro nos via, nos nossos primeiros anos de vida, talhou nossa maneira de nos vermos e de vermos o mundo? Crescemos e fomos imitando o modo como esse outro se relacionava com o mundo: o quanto dessa imitação talha diariamente o nosso olhar?

Só falo em subjetividade, solidão e individualismo porque aprendi a falar, porque observo, e tudo isso já me coloca irremediavelmente em relação estreita com o outro. Em vez de distanciamento entre nós e o outro, talvez faça mesmo mais sentido nos pensar como encharcados de proximidade.

É por isso que o outro não está apartado de nós, é por isso que as relações são muito mais ricas do que uma mera seta ligando um sujeito a um objeto: os espaços de intimidade compartilhada nos envolvem assim que adentramos no mundo. Vamos aprendendo a viver graças ao encontro com o outro. Estar no mundo é encontrar e ser encontrado. É estar envolvido. Estar no mundo é estar acompanhado. Como escreve Juliano Garcia Pessanha em *Peter Sloterdijk: virada imunológica e analítica do lugar*: "Se o um emerge do dois, e a própria interioridade humana é o precipitado de escavações e do mergulho de outros em mim, é mais apropriado não falar de indivíduos, mas de divíduos".

> "*Umuntu ngumuntu ngabantu* [Uma pessoa é uma pessoa através de outras pessoas]."
>
> **Provérbio zulu**

Por mais que a relação com nossa mãe seja tumultuada, é por causa dela que estamos aqui. No útero, nós, formados a partir de duas células, fomos banhados pelos hormônios que circulavam no sangue de nossa mãe: nunca fomos um corpo isolado. Nascemos e alguém nos amparou. O bebê humano é o mamífero mais dependente: se ninguém tivesse cuidado minimamente de nós no início da vida, não estaríamos aqui hoje. Não saímos do ventre materno andando, como os bezerros. Precisamos de cuidados por um bom tempo para não morrer. Quanto aos nossos vizinhos de mundo, até que ponto estamos tão separados assim deles, se vira e mexe ficamos tristes ao ler no jornal uma notícia sobre a vítima de um desastre que nem conhecemos, revoltados com um assassinato cruel do outro lado do planeta, esvaziados de vontade de viver ao tomarmos conhecimento de um desastre natural ou de uma atrocidade envolvendo pessoas que nunca vimos na vida? Alguns de nós tampam os ouvidos, dizendo: "Não me conte isto, não quero saber". Outros ainda atravessam a calçada ao avistarem um morador de rua, não propriamente por insensibilidade, mas para se defender de uma visão que, de alguma maneira, os fere. Às vezes, chamamos de indiferença o sentimento de impotência.

Indo para outro exemplo... Até que ponto estamos tão separados assim entre nós se, quando fazemos um belo passeio ou experimentamos um prato delicioso, muitas vezes pensamos: "Hum! Minha amiga/meu irmão/meu namorado *precisa* conhecer este lugar/experimentar este sabor"?

Não vou nem mencionar a necessidade crescente que temos de receber palmas, elogios, curtidas nas nossas fotos que compartilhamos em redes sociais para sentir que o que fazemos tem valor e, até mesmo, para sentir que existimos. E não vou falar aqui das mil maneiras que arranjamos e desarranjamos, dentro de nós, para lidar confusamente com a existência desse outro, seja indo ao seu encontro, seja morrendo de medo dele. Estamos encharcados do outro e o outro está encharcado de nós: é isso que eu gostaria de lembrar, por ora. Estamos, cada um de nós, muito longe de ser autossuficientes. Só gostaria de chamar sua atenção para esse outro que não está tão separado de nós assim, muito pelo contrário. Esse outro que nos habita e é por nós habitado. Esse outro com quem temos belos encontros, esse outro que tememos, esse outro que desprezamos ou de quem sentimos raiva ou ódio, esse outro que imitamos, esse outro a quem desejamos agradar, controlar, impressionar, chocar, causar inveja... Talvez amar.

É mesmo muita companhia para pouca solidão. Talvez seja por isso que ficamos entediados, desanimados, vazios quando estamos muito enclausurados dentro da nossa própria "cabecinha", quando estamos tentando nos proteger muito do "lá fora", um campo tão vasto para além do nosso corpo. Quando tentamos nos agarrar muito à nossa individualidade, como se pendurássemos no pescoço uma placa onde se lê: "Daqui você não passa". Quando selecionamos demais os contatos que temos, quando nos fechamos para as experiências que, num primeiro momento, contrariam nossas expectativas e ideias. Ficamos mais opacos, mais desanimados, mais ásperos quando erguemos muros dentro de nós para tentar nos distanciar daquilo que entendemos como separado de nós. Se estamos unidos aos outros e insistimos em nos trancar em uma suposta existência isolada, estamos nos enganando.

Penso que experimentamos esse vazio, essa aridez quando nos rendemos a esse engano, quando acreditamos nessa visão equivocada. Afinal, se estamos unidos ao nosso entorno, como não vamos sentir os desdobramentos de viver em uma fictícia existência radicalmente separada dele? E é preciso estar atento a isso, pois, de diferentes formas e, geralmente, com muita intensidade, os discursos da contemporaneidade nos jogam para essa crença falha do individualismo, nos iludindo e desvitalizando.

Estamos longe de ser autossuficientes. Talvez tudo seja um pouco mais simples quando temos consciência disto: de que não estamos tão isolados do mundo como costumamos pensar. Somos fruto do convívio com o outro desde nossa vida intrauterina.

2. A montagem humana

Coloquemos a questão da seguinte forma: só existe o que chamamos de "eu" porque existe o que chamamos de "outro": um "você", um "ela", um "eles". É por perceber que existe outro fora de nós que dizemos "isto é meu", "isso é seu"; é por respirarmos com nosso nariz, falarmos com nossa boca e experimentarmos sensações a partir do nosso corpo que podemos dizer "estou respirando", "estou falando", "estou tocando isso com minhas mãos". Ao mesmo tempo, o "eu" é constituído pelo "outro": não somos seres isolados do mundo, mas visitados pelo mundo.

Se o outro está no nosso eu, quem é esse outro que tem nos constituído e como estamos nos relacionando com ele? Se meu eu foi "montado" a partir dos encontros; se meu eu é um amálgama com meu entorno; se o outro me atravessa e eu o atravesso; se meu eu não é independente, é porque ele é sempre um ser acompanhado. Que visitas têm constituído o que chamamos de "eu"? Do que seu "eu" é feito? Que narrativas dos nossos tempos e da nossa sociedade você foi incorporando a si mesmo e entendendo como suas?

Para além disso: o outro que habita em nós está nos acompanhando ou nos escravizando? Que autonomia temos para discernir o que queremos que habite aqui dentro e o que não queremos? Qual é a possibilidade humana de liberdade? O que dizer de quando cremos que estamos fazendo escolhas livres sendo que, de livres, essas escolhas têm muito pouco?

Certa vez, eu estava editando uma reportagem sobre a reforma do Ensino Médio instituída por meio de uma Medida Provisória em 2016. Com a adoção dos chamados itinerários formativos, os alunos teriam oportunidade de escolher em qual área do conhecimento desejavam se aprofundar. O estudante poderia optar por mais de um itinerário, caso a escola o oferecesse. Em princípio, parece uma ideia interessante, libertadora — mas, quando a examinamos mais de perto, esbarramos no seguinte problema: como os estudantes serão orientados a fazer boas escolhas? Eles optarão baseados *em quê*? Nossos interesses são tecidos pelas nossas condições de vida, pela nossa maturidade, pelo que observamos entre as pessoas próximas, pelas influências que recebemos de toda parte. Como alguém que nem sabe que aviões existem vai escolher ser piloto?

Pense nas relações conjugais. Achamos que estamos amando do nosso jeito, que estamos livremente montando, digamos, nosso currículo amoroso, quando esse jeito, de livre,

> "Isso de querer/ ser exatamente aquilo/ que a gente é/ ainda vai/ nos levar além."
>
> Paulo Leminski,
> "Incenso fosse música"
> (em *Toda poesia*)

tem muito pouco. Pense num exemplo extremo: alguém que agride fisicamente outra pessoa em um relacionamento acha que aquela violência é "normal" e acredita até que faz isso porque "ama". É normal para *ela*, para aquela dinâmica. É normal dentro daquilo que ela aprendeu a chamar de amor.

Muitas vezes, achamos que escolhemos com liberdade, quando somos apenas escravos de uma porção de coisas: não só de condições materiais, mas de comportamentos que imitamos, influências midiáticas, medos paralisantes, experiências passadas que estão muito presentes, ditando o modo como pensamos, agimos e nos relacionamos. Nossos desejos costumam ser circunscritos por limites que, muitas vezes, não estamos percebendo. Já ouviu falar naquela expressão sobre o bichinho de goiaba? "Para o bicho que mora dentro da goiaba, o mundo é uma goiaba." É bem por aí...

— • —

Vimos que nosso eu, que vai sendo construído e modificado ao longo da nossa existência, é fruto de um viver compartilhado. Vamos formando isto que chamamos de "eu" a partir dos contextos familiar, cultural, emocional, geográfico em que estamos inseridos. Por exemplo: se tivéssemos nascido na Grécia Antiga, em uma família que possuísse escravos, o mais provável seria que crescêssemos achando a escravidão "normal", "natural". Se a maior parte dos ricos à nossa volta tivessem escravos e quiséssemos ser como eles, entenderíamos que ter escravos em casa seria "chique". Querer ser como eles: perceba como esse querer tem um peso importante na montagem disto que chamamos de eu.

Se você, aos 3 anos, tivesse sido raptado e levado para a Índia, para o Japão ou para alguma aldeia indígena brasileira, teria hoje outros pensamentos e outras crenças do que é "correto" em termos de relacionamento com o cônjuge, educação dos filhos e expectativas em relação ao trabalho, certo? Eu também. Por isso, para início de conversa, talvez nossa possibilidade de um maior protagonismo, de um viver mais autoral, passe por não nos agarrarmos tão fortemente às nossas crenças, por não termos tanta certeza de que elas são "certas". Podemos tentar soltá-las. Vê-las de cima. Examiná-las.

Muitos valorizam a segurança, no sentido de ter pontos de vista fortes e inabaláveis, mas a beleza da insegurança reside justamente na indeterminação que ela traz consigo. A partir de uma preciosa vulnerabilidade, em vez de ceder à urgência de ter uma opinião sobre tudo, podemos ter menos pressa para falar e nos dar mais tempo para refletir sobre o que está por trás de nossas ações no mundo e nos abrir para outras possibilidades. É nesse sentido que Nietzsche, filósofo alemão do século XIX, chama de fraco o homem que tem convicções fortes. Ser mais maleável não significa ficar "em cima do muro"; significa, apenas, permitir-se silenciar, ponderar, dar-se tempo, reexaminar. Manter uma abertura diante do mundo, em vez de tentar se fechar em si mesmo.

No livro *A importância de viver*, publicado em 1937, o pensador chinês Lin Yutang escreve: "Não há maior ladrão neste mundo do que aquele que rouba a nossa liberdade de pensamento. [...] Se a liberdade de pensamento é a mais alta atividade do espírito humano, então a supressão dessa atividade deve ser o que há de mais degradante para nós, seres humanos". Mas como seria o ato de pensar livremente?

Para o filósofo holandês Espinosa, que viveu no século XVII, a liberdade era um tema central. É um autor que, mesmo com tanta racionalização, talvez hoje soe "místico" em várias passagens de suas obras — como quando ele conclui que não somos livres por sermos dotados de livre-arbítrio para escolher entre alternativas possíveis, mas por sermos partes de uma natureza divina, dotados de força interna para pensar e agir por nós mesmos. Como escreve na *Ética*, livro 1: "Diz-se *livre* o que existe exclusivamente pela necessidade da sua natureza e por si só é determinado a agir". Passividade, para o pensador holandês, significa ser determinado a existir, desejar, pensar com base nas imagens exteriores que operam como causa de nossos apetites e desejos.

Assim, ser livre, na concepção de Espinosa, consistiria em ser ativo, agir em conformidade com nosso interior, nossa força. Gosto muito dessa noção de força interna e da passividade como seu oposto. Quando somos passivos em relação às narrativas da contemporaneidade, quando nos sentimos mais reféns delas? Quando nos percebemos mais imantados por nossa força interior, pela nossa vontade de ser, e quando nos percebemos mais distantes dela?

É como se tivéssemos uma parte passiva, submissa, e uma autônoma, ativa. Nem sempre temos consciência de quando estamos sendo guiados por nossa liberdade e quando nos afastamos dela e somos tragados pela servidão, para usar o termo de Espinosa. Não raro nos embaraçamos em desculpas diversas para justificar nosso

> "Não era mais um autômato, era um ente animado."
>
> Machado de Assis, "O espelho" (em *Papéis avulsos*)

aprisionamento e resistir à liberdade de ser. Às vezes, nos identificamos tanto com esse eu (talvez seja melhor usar "esses eus") que vamos construindo na vida em sociedade, a ponto de nos esquecermos de que há outras instâncias em nosso interior, estranhas a esses constructos. Em outros momentos, experimentamos o alento da conexão com nosso *si mesmo*, um lugar que, ainda que não possa ser definido com palavras, pode ser sentido.

Procuremos, por ora, entender o *si mesmo* como esse espaço onde nos sentimos mais livres e mais fortalecidos.

"Súbito/ um estrondo/ foi ouvido/ havia/ finalmente/ caído/ em si."

Germana Zanettini, *Eletrocardiodrama*

Nos capítulos a seguir, falaremos sobre essas narrativas que têm constituído nosso eu, ou nossos eus, hoje em dia. Quais delas nos afastam de nós mesmos?

Concebamos a verdade não como uma palavra que vem de fora, desse idioma aprendido; a verdade não como mais uma narrativa à qual tentamos nos acoplar, mas como uma força muito maior do que uma palavra, uma força que brota da nossa interioridade ao ser animada pelo que vem de fora. Podemos, assim, perceber intuitivamente o que anda animando nossa força interior. Que ventos andam balançando nossa folhinha e se estão indo a favor da nossa potência de ser e agir ou contra ela. Se estão aumentando nosso brilho nos olhos ou ofuscando a graça de estarmos vivos. Se estão promovendo nosso encontro com o alento da existência acompanhada de que falamos ou se estão nos lançando para uma fictícia existência fragmentada e angustiante, dentro da qual há como que uma onda de desejos fictícios que, no fundo, talvez nem de fato desejemos, só aprendemos a desejar. Quais narrativas estão nos aproximando de uma sensação libertadora e vital e quais estão nos lançando para uma sensação angustiante e desvitalizada?

Se absorvemos tanta coisa desde a infância e continuamos absorvendo todos os dias, se estamos unidos ao outro, é no mínimo de bom-tom nos perguntarmos de vez em quando se desejamos mesmo viver de acordo com todos os aprendizados que fomos acumulando, se nossas crenças estão mais nos nutrindo ou nos murchando, se estamos nos sentindo mais livres ou mais presos, se estamos mais próximos à nossa verdade interior ou ao modo que os outros tentam nos convencer como "correto", se estamos passando nossos dias da melhor forma na nossa opinião, se estamos nos reconhecendo na nossa própria vida e enxergando a graça de viver, ou se estamos cada vez mais alienados de nós mesmos, como atores que se confundiram com o papel que interpretam.

> "Deixe-me ir/ Preciso andar/ Vou por aí a procurar/ Rir pra não chorar. //Se alguém por mim perguntar/ Diga que eu só vou voltar/ Depois que me encontrar."
>
> Antonio Candeia Filho, "Deixe-me ir"

Parte 2

O APAGAMENTO DO OUTRO

1. Crise alérgica ao mundo

O pediatra e psicanalista Donald Woods Winnicott escreveu que, quando sua morte chegasse, ele gostaria de estar bem vivo. O que ele quis dizer com isso? Você já deve ter reparado que uma coisa é abrigar no peito um coração batendo e outra, bem diferente, é se *sentir* vivo. E essa é uma sensação preciosa: afinal, se estamos vivos biologicamente, que existência opaca seria essa em que não experienciamos o estado em que nos encontramos? Como escreve Joseph Campbell em *O poder do mito*: "Dizem que o que todos procuramos é um sentido para a vida. Não penso que seja assim. Penso que o que estamos procurando é uma experiência de estar vivos, de modo que nossas experiências de vida no plano puramente físico tenham ressonância no interior do nosso ser e da nossa realidade mais íntimos, de modo que realmente sintamos o enlevo de estar vivos".

O que faz com que nos sintamos vivos? Que experiências nos chamam? Quais de nossas ações têm ressonância no interior do nosso ser?

Penso que a idealização excessiva tem nos atirado para longe da experiência de estar vivo. Muitas e muitas de nós estão na maior parte do tempo trancados numa espécie de espiral mental, um redemoinho invisível e voraz no qual giram em alta velocidade as coisas que queremos, os nossos milhões de expectativas, ambições, ressentimentos e frustrações, e nos esquecendo do mundo. E esquecer-se do mundo é esquecer-se daquela existência acompanhada de que falamos anteriormente. Esse esquecimento, ou esse trancamento mental, gera um vazio. Gera tédio. Angústia. Sensação de que estar aqui não vale a pena. Afinal, mal sentimos que existe um "aqui" para se estar: em vez de estar no mundo, estamos presos à nossa cabeça — aos nossos anseios e às nossas expectativas, àquela fixação de sermos diferentes de quem somos e de que o outro e a vida sejam diferentes do que são.

Pense comigo. Se estou muito focado na pessoa que eu gostaria de ser, não estou concentrado em quem sou. Se estou muito concentrado em quem eu gostaria que meus pais/meus amigos/meus filhos fossem, tenho dificuldade para enxergar as pessoas que eles são. Se gasto muita energia desejando como eu queria que a vida fosse, mal consigo enxergar como a vida é. Se passo muito tempo olhando

> "Na luta entre você e o mundo, apoie o mundo."
>
> Franz Kafka, *Aforismos reunidos*

para como acredito que o mundo deveria ser, mal consigo ver o mundo que está aqui, diante de mim.

Vamos chamar de mundo este espaço comum que compartilhamos e tudo o que faz parte dele. Você está ao lado de um amigo em uma sala, vocês dois estão diante de uma parede, um de vocês pode estar de olhos fechados, não importa: vocês concordam que há uma parede ali, diante de vocês. A parede faz parte do mundo, a sala faz parte do mundo. O nosso corpo também faz parte do mundo, o passarinho que acabou de passar lá fora faz parte do mundo, sua irmã que entrou no quarto faz parte do mundo. Cada um vai perceber esses seres e essas coisas do seu jeito, mas tudo isso faz parte do mundo. Com os seres e as coisas do mundo, temos experiências.

No século XVIII, o filósofo alemão Immanuel Kant mostrou que não vemos o mundo em seu "estado puro". Ele faz uma distinção entre o númeno, ou a coisa em si, e o fenômeno. Por exemplo, você não vê, digamos, um sofá em si mesmo, mas o vê tal como ele aparece para você. Se colocar óculos vermelhos, enxergará o sofá vermelho. Já um inseto que enxerga em preto e branco verá o sofá em preto e branco. O sofá aparece de um jeito para você e de outro jeito para o inseto. E a coisa em si, independente das percepções de cada um? Nós não a alcançamos com nossa faculdade racional, porque vemos as coisas e vivemos as experiências de acordo com nossas percepções. O númeno é o sofá em si mesmo, o fenômeno é o sofá como é percebido por nós. Ou seja, o fenômeno é condicionado pela nossa capacidade de vê-lo.

Em outras palavras: o pensamento racional é limitado. Não explicamos tudo o que acontece no mundo, explicamos tudo o que é explicável pela razão; não estamos enxergando completamente o mundo, enxergamos o mundo que é "enxergável" para nós. Só os fenômenos são explicáveis pela razão, não a coisa em si. É como se pudéssemos nos aproximar da coisa em si, mas jamais tocá-la: se lhe atribuímos significados, se a revestimos com opiniões, se a captamos com nosso olhar, ela já não é, enfim, a coisa em si, mas é a coisa para nós.

Dizemos "somos do jeito X" e "fulano é do jeito Y" porque de fato somos do jeito X e o fulano é mesmo do jeito Y? Ou,

> "Você é muito inteligente, tão inteligente que sabe que inteligência não é tudo."
>
> Orhan Pamuk, *Neve*

de tanto dizer que "somos do jeito X" e "fulano é do jeito Y", entendemos que somos do jeito X e fulano do jeito Y? Enxergamos o mundo de acordo com nossos "moldes internos", nossas interpretações, e, ao mesmo tempo, nossas interpretações vão moldando as experiências. As lentes que usamos para enxergar o mundo vão moldando este mundo aos nossos olhos, a ponto de nos esquecermos de que estamos usando lentes.

Colocando de outro modo: eu e você não somos bebês vendo as coisas pela primeira vez. Vemos as coisas e vamos encaixando-as no que já vimos, julgando-as, comparando-as com o que presenciamos ontem, entendendo-as de acordo com o que o fulano disse sobre elas, imaginando o que queríamos ter visto, temendo não vê-las mais etc. Em seus poemas, a busca de Alberto Caeiro, heterônimo de Fernando Pessoa, não é colocar obstáculos (pensamentos, julgamentos, expectativas) entre nós e as coisas: é poder enxergá-las sem usar lentes tão grossas, é poder ver o mundo sem distorcê-lo tanto, sem nos afastarmos tanto dele.

Pense que você está andando com um amigo por uma floresta incrível. Você está muito alegre por estar ali. Estava tão cansado antes do passeio e agora se sente revigorado; aquela atmosfera, aquele cheiro de terra e aquela paz estão mexendo com você. Então você se vira para seu amigo e diz: "Que bela floresta!". Mas sua frase não contém todo o seu sentimento, certo? Você a diz como que para traduzir o que se passa dentro de você, mas essa tradução não passa de uma versão do seu sentimento, a "versão comunicável". Seu sentimento é muito mais amplo, mais vívido, mais selvagem — só parte dele se domestica em frases.

> "A espantosa realidade das cousas/ É a minha descoberta de todos os dias./ Cada cousa é o que é,/ E é difícil explicar a alguém quanto isso me alegra,/ E quanto isso me basta."
>
> Alberto Caeiro, "A espantosa realidade das coisas" (em *Poemas de Alberto Caeiro*)

(É por isso, aliás, que a literatura e a poesia, ao buscarem expressar as coisas do mundo com o uso de metáforas bem construídas, imagens, analogias, diálogos, personagens e eu líricos pungentes, enfim, com todo um trabalho de linguagem e de criação artística, não consistem apenas em uma forma mais bonita de dizer as coisas: a arte abre um novo campo semântico, como se melhorasse a qualidade dessa "tradução do mundo". É nesse sentido que o escritor alemão Novalis escreveu: "Quanto mais poético, mais verdadeiro".)

Admiramos uma flor, mas, quando pensamos ou falamos "Que bela flor!", algo da flor já se foi: vemos, agora, não só a beleza da flor, mas a constatação da beleza da flor, nossa opinião sobre a flor. Prendemos a flor em nossa ideia de flor, os significados que damos à flor, nossas expectativas em relação às flores e àquela flor. Tire a flor do exemplo e coloque um beijo: ele é um beijo, e também é a comparação com nossos outros beijos, é a constatação de como esse beijo é bom ou de como esse beijo é ruim, é a expectativa do que vai acontecer depois desse beijo. Pensamos: "Que delícia", e o beijo pode continuar depois que pensamos isso, mas, de certa forma, ele já se foi.

Quantas vezes temos certeza de que estamos enxergando as coisas em sua totalidade, esquecendo que nós as enxergamos a partir de nosso ponto de vista? Quantos juízos convictos emitimos sobre o mundo, certos de que detemos a verdade sobre o mundo?

E nosso ponto de vista pode ser mais nítido, menos embaçado? Como fazer para, a partir das nossas percepções, enxergar melhor o mundo?

Ter consciência de que o mundo é complexo e de que algo das coisas, das pessoas, da existência, das situações e de nós mesmos nos escapa: eis um bom começo.

— • —

Somos humanos. Temos a mente produzindo muito material o dia inteiro, e a partir dela nos relacionamos com o mundo. Os ideais são um tipo de material produzido por nossa mente. Fixar-se em ideais, em como (achamos que) temos certeza de que as coisas e os seres do mundo deveriam ser, é perder de vista algo do mundo. É afrouxar nosso agarramento ao que nos está sendo oferecido naquele instante, é desbotar a possibilidade de desfrutá-lo.

Imagine que você está comendo um brigadeiro e reclama: "Por que isto aqui não está salgado?", "Por que está sem recheio de frango?". Não faz muito sentido, certo? Afinal, o brigadeiro é doce. Você pode ou não gostar do sabor dele, mas ele é doce. No entanto, nós, humanos, fazemos isso. Vira e mexe brigamos com as coisas porque elas não são o que esperávamos e ficamos irritados. Claro, temos nossas preferências, gostamos mais disso e menos daquilo. Mas, se você come um brigadeiro reclamando que ele não é salgado, até que ponto aceitou que isso é um brigadeiro? Até que ponto *viu* esse brigadeiro? Troque o brigadeiro por morango. Se você reclama que os morangos não são azuis, até que ponto está aberto para ver aquele morango como ele é? Imagine-se com uma bandeja cheia de morangos vermelhos na sua frente e você se lamentando por eles serem vermelhos. Ou então imagine-se num restaurante mastigando um pedaço de pizza e reclamando por ela não ser líquida. Como é possível desfrutar brigadeiros, morangos e pizzas assim? Antes de enxergá-los, já se decretou: gosto/ não gosto, quero/ não quero.

Se já decidimos que vamos "adorar" um livro antes mesmo de lê-lo, se já resolvemos que vamos "detestar" a exposição antes mesmo de ver o primeiro quadro, quão limitado será nosso encontro com aquele livro, com aquela exposição? Se estamos concentrados em reclamar, em exigir, em nos frustrar com a experiência que está disponível para nós naquele momento, até que ponto estamos abertos para vivenciar aquela experiência? Quando usamos lentes muito grossas entre nós e uma coisa, até que ponto estamos abertos para reconhecer a existência dessa coisa? Até que ponto estamos de fato enxergando o mundo e nos relacionando com ele?

Propus que o confinamento na nossa suposta autossuficiência nos preenche com um estranho vazio. O que estou dizendo agora é que, quando estamos muito asfixiados nesse confinamento, o que ocorre é o apagamento do mundo. E isso tem gerado muita angústia. Afinal, é no mundo que estamos. É nele que nossas ações e relações se dão. Assim, uma vida que não se dá no mundo é uma vida menor, uma vida mais estreita, uma espécie de não vida.

> "Agarre-se à vida: não há mais nada a que se agarrar."
>
> Tennessee Williams, *Gata em telhado de zinco quente*

Quando temos muitas expectativas definidas, paramos de ver com nitidez o mundo. Isso não só nos frustra (a todo instante, ficamos "decepcionados", "magoados", profundamente "feridos" ou "enraivecidos"), como pode nos deixar confusos e presos em discussões intermináveis com nós mesmos e com os outros, discussões em lugares invisíveis sobre coisa alguma, porque já nos distanciamos do mundo e entramos com tudo na nossa espiral mental.

Pense em um cônjuge que há tempos reclama das mesmas insatisfações: "Eu queria que você gostasse mais de viajar", "Queria que fosse mais caseiro", "Queria que fosse mais romântico", e por aí vai. Em toda relação humana, há diferenças entre os envolvidos. De vez em quando, essas diferenças geram delícias: desfrutamos da companhia, aprendemos coisas novas. Mas, em outras ocasiões, geram atritos. Com o tempo, pode acontecer de a convivência se fortalecer. E também pode acontecer de perder o sabor e o sentido. Essa é uma possibilidade. Temos nossas preferências na interação com o mundo, certo? Outra situação bem distinta é não ver o mundo.

Lembro-me, por exemplo, de uma gestante que ficou inconformada ao descobrir no ultrassom que o filho não era do sexo que ela queria. Em vez de experimentar uma contrariedade passageira — "esperava isso do mundo, o mundo me deu aquilo"; "fico zangada, reclamo e depois sigo em frente" —, ela permaneceu como que trancada na contrariedade. O bebê nasceu, e ela seguiu em seu trancamento. Como enxergar o bebê que tinha nos braços, relacionar-se com ele, abrir-se para sua singularidade, com a mente fixada em outro bebê que não aquele?

Em uma relação dita amorosa, isso pode se manifestar de muitas formas. Por exemplo: estar cronicamente insatisfeito por querer que a relação seja outra e que a pessoa seja outra. Nesse caso, não se está lidando com problemas mundanos, com as diferenças sempre presentes nas interações humanas. Não se está enxergando nem mesmo as diferenças: define-se um lado no binarismo "gosto/não gosto" antes mesmo de reconhecer o outro. Porque não se está exatamente na relação, mas na espiral mental daquilo que esperamos do outro: em fantasias, idealizações, expectativas, frustrações.

Imaginemos a espiral mental como um redemoinho que nos atira para longe do mundo e para o fundo da nossa mente limitada. Quando se é tragado por essa espiral, você não está vendo o brigadeiro. Você está com o brigadeiro na mão e frustrado com ele por ser o brigadeiro que é. Você mal é capaz de fazer uma escolha que, apesar de possíveis dores, faça sentido na sua vida, traga uma espécie de satisfação difícil, mas uma satisfação; uma sensação de ter sido protagonista e ter feito o que de fato desejava. Você só fica confuso e perdido entre manter ou terminar um relacionamento, não consegue distinguir o que quer do que não quer, fica feliz com sua decisão em um minuto, entristece-se no minuto seguinte. Minha aposta: você se sente assim porque não agiu no mundo, mas numa neblina. Você nem viu a pessoa com quem estava supostamente se relacionando, só enxergou uma névoa, um espectro dela.

> "E o amor, em vez de dar, exige. E quem gosta de nós quer que sejamos alguma coisa de que eles precisam."
>
> Clarice Lispector, "Dies Irae" (em *A descoberta do mundo*)

É nesse sentido que a psicanálise fala em aniquilamento do outro em nossa vida psíquica, ou, nos termos do filósofo coreano Byung-Chul Han, em *Agonia do Eros*, da "privação do outro de sua alteridade". A palavra "alteridade" diz respeito à existência do outro. Quando reduzimos o outro às nossas demandas, até que ponto estamos reconhecendo a existência dele? "O fato de o outro desaparecer é um processo dramático, mas fatalmente avança, de modo sorrateiro e pouco perceptível", escreve Byung-Chul Han na mesma obra.

Para sentir a experiência de estarmos vivos, é preciso sentir o gosto do brigadeiro. Mastigar a pizza. Agarrar os morangos com todo o seu vermelho, em vez de nos encarcerarmos no azul que não estamos vendo. É preciso enxergar as pessoas, e não achatá-las dentro de quem queríamos que elas fossem ou do que queríamos que fizessem.

Se mal enxergamos o outro, como poderemos desfrutar sua existência? Se reduzirmos a alteridade à dicotomia "me convém/não me convém" e se nos trancarmos para o mundo, blindados contra o outro, como não experimentaremos uma profunda solidão e um esvaziamento persistente?

— • —

Ficar mergulhado em ideais é uma armadilha muito comum hoje, porque temos sido sugados para um lugar de "performar", de ser "melhor" do que somos, de ter sempre mais.

Não acreditamos que o que temos no nosso guarda-roupa, na nossa conta bancária, na nossa casa seja suficiente, não julgamos que somos bonitos e descolados o suficiente, não achamos que nosso parceiro é amoroso o suficiente, que nosso cargo no trabalho é importante o suficiente, que nossa vida é suficiente. Não nos sentimos bons o bastante, estamos sempre atarefados, correndo atrás da sensação de finalmente nos sentirmos bons o bastante, não alcançamos essa sensação e vivemos cansados, frustrados e com raiva de nós mesmos, dos outros e do mundo, afinal, lembremos, nós não nos achamos suficientes, não achamos os outros suficientes, não achamos o mundo suficiente.

Este mundo que mal enxergamos torna-se, assim, um lugar ameaçador, como uma casa mal-assombrada. Temos cada vez mais medo desse lugar que mal vemos e que entendemos como hostil a nós: afinal, estamos sempre nos frustrando, sempre nos decepcionando com o mundo quando ele não se ajusta às nossas expectativas. "Ah, eu adorava fulano, agora ele falou essa bobagem e eu o odeio", "A beltrana disse algo idiota, ela é uma idiota" — quão comuns têm se tornado esses julgamentos, essa maneira de se relacionar? Todos nós, como pessoas, somos complexos e não podemos ser totalmente definidos, totalmente conhecidos: há mistério e movimento em cada um de nós. Há vida. Se reduzo o outro ao que espero dele, se mal o enxergo, a todo momento vou classificá-lo como alguém "adorável" ou como um "idiota". Quando ele me dá "mais de mim", então ele é uma pessoa legal; quando me frustra, ele não é legal. Não há serenidade quando o outro vai se dissolvendo em nossos julgamentos, e nossos julgamentos estão se tornando cada vez mais apressados e raivosos.

O mundo se transforma, assim, num lugar cada vez mais ameaçador: o lugar que não me dá as coisas que eu quero. Um lugar que me assusta. O outro também não me dá o que eu quero. O outro me assusta. Então me desestabilizo cada vez mais com a possibilidade de entrar em contato com o mundo e com o outro. Entro em pânico não com uma dor do mundo, mas com a mera possibilidade de uma dor. Entro em pânico não com uma explosão, mas com o simples fato de imaginar uma explosão. Vivo com medo. E guiando minha vida por esse medo.

> "Provisoriamente não cantaremos o amor,/ que se refugiou mais abaixo dos subterrâneos./ Cantaremos o medo, que esteriliza os abraços, [...]/ depois morreremos de medo/ e sobre nossos túmulos nascerão flores amarelas e medrosas."
>
> Carlos Drummond de Andrade, "Congresso Internacional do Medo" (em *Sentimento do mundo*)

Existe um mundo para além das nossas expectativas, mas estamos reduzindo o mundo à nossa percepção, que, por sua vez, está cada vez mais limitada: mais voltada para o imediatismo e o hedonismo, entre outras características de nossa época. É como se nossa percepção estivesse mais estreita do que nunca e, ao mesmo tempo, mais gulosa.

O excesso de idealização nos faz desenvolver como que uma alergia ao mundo, esse mundo que não nos convém. O outro não é como queremos que ele seja? Então nós, trancados em nossas espirais, sentimos raiva dele ou nos afundamos na melancolia. Não é que me distancio serenamente de alguém, por exemplo: é que só de ouvir falar nesse alguém sinto raiva e rancor. É como se tirássemos a seguinte conclusão: "Se a vida não é como eu quero, então viver não vale a pena". Por trás da raiva e da melancolia, a mesma crise alérgica ao outro: este outro que entendo que me contraria profundamente por não ser quem eu espero que ele seja.

— • —

Pense nos colonizadores que fizeram as primeiras expedições ao Brasil, no século XVI. Pretendiam analisar o que tinha ali diante deles, o que era útil, o que não servia, o que podia ser aproveitado. Hoje, somos incentivados, de diferentes formas, a carregar esse olhar colonizador em relação ao nosso corpo, às nossas relações, ao mundo, enfim. E esse olhar colonizador é bem ambicioso. Ele quer sempre mais e acha que isso é bom. Afinal, é bom ter ambição, certo? É preciso lucrar. Tirar o máximo proveito possível. Será?

Bem, para quem explora uma colônia, há uma lógica nesse raciocínio. Agora, quando não estamos falando de algo a ser explorado, e sim da vida, qual é o sentido dessa lógica? Há consequências em nos dirigirmos ao mundo com esse olhar. Nem pensemos nas consequências para o mundo, por ora, mas nos efeitos para cada uma e cada um de nós. Penso que olhar o mundo "de cima" anda nos trazendo muito sofrimento.

Quem está muito ocupado em "chegar lá", em atingir um lugar externo a si, em obter uma posição, em adquirir um bem, fazer uma viagem ou ter determinado "estilo de vida", muito provavelmente vai experimentar um vazio, uma falta de conexão em relação ao mundo — esse mundo que, afinal, mal está sendo enxergado. Distanciar-se do mundo e ficar preso nas exigências sem fim do ideal é ficar numa clausura, numa espécie de confinamento que gera tristeza. Ficarmos obcecados por quem queremos ser, o que queremos comprar, que aparência física queremos ter, para que lugar desejamos viajar, o que queremos viver, longe de nos levar para "um lugar melhor", tem nos sugado para uma aridez, um deserto fora do mundo. E, muitas vezes, sem que percebamos. Afinal, se cada época tem sua mentalidade coletiva, essa mentalidade, esse olhar é tido como "normal" na nossa época. É considerado o.k. se relacionar com as pessoas e as coisas dessa forma. É "bom" ter "ambição", querer "sempre mais". Andamos nos sentindo paralisados pelo medo, tendo crises de choro e vontade de sumir? "Ah, isso também é o.k.", alguém bem-intencionado pode dizer. "Tente sair com seus amigos." "Faça uma viagem legal." "Compre aquela coisinha que tanto quer." "Vá ao salão de beleza." "Trabalhe sem parar o dia todo que, logo, logo, você se sentirá melhor." E nos sentimos melhor mesmo, mas por pouco tempo. Logo, logo, lá estamos nós sendo atingidos outra vez por um aperto esquisito no peito, um gosto metálico na boca e indo atrás de algo que vai nos "salvar" por alguns instantes. "A vida é assim mesmo", alguém bem-intencionado poderá dizer. "A dor faz parte da vida, isso é normal."

Espere um pouco. A dor faz parte da vida: assino embaixo. Mas é urgente refletirmos sobre esses e tantos outros "normais" do nosso entorno e do nosso jeito de nos relacionarmos com nós mesmos e com o mundo — inclusive com a dor, como falarei mais adiante. Há dores que vêm da nossa experiência de estar no mundo: essas fazem parte da condição humana. Na existência acompanhada, o acompanhamento às vezes fere, hostiliza, maltrata. Mas há dores que vêm do padecimento de não enxergar o mundo. São como um sintoma da nossa cegueira, de nossa visão distorcida e enevoada.

Imagine que você está desenhando, eu pego seu lápis e o atiro no chão. Perplexo, você pergunta: "Por que você fez isso?". E eu respondo: "Imagine, não fiz nada". Você insiste: "Você jogou meu lápis no chão". Eu digo: "Não joguei, não". Qual o sentido disso? Eu joguei um lápis de onde estou sentada, e você viu um lápis sendo jogado a partir de onde você está sentado, mas não podemos perder de vista que um lápis foi jogado. Cada um presenciou a queda do lápis a partir de seu ponto de vista, mas a queda não é uma questão de opinião, é um fato. É nesse sentido que a filósofa alemã Hannah Arendt escreve que o apagamento da linha divisória entre verdade fatual e opinião é uma das inúmeras formas que a mentira pode assumir.

Há um mundo. Nós o acessamos não *in natura*, mas a partir de nossa consciência — mas há um mundo a ser acessado a partir de nossa consciência. E é preciso restaurar a existência deste mundo, ao menos se quisermos experimentar "o enlevo de estar vivos", como escreveu Joseph Campbell. Pois a vida se dá no mundo. Da mesma forma, é preciso restaurar a existência de nós mesmos, ao menos se não quisermos nos sentir tão perdidos. Pois acredito que uma das consequências de se relacionar com o mundo desse jeito míope é que, à medida que vamos apagando o mundo, nós mesmos vamos nos apagando, como veremos mais adiante. Esse apagamento de nós mesmos gera uma confusão interior e uma espécie de aridez.

Observe como é predominante na contemporaneidade esse discurso de nos ligarmos muito fortemente às nossas expectativas e às nossas fantasias — quem eu quero ser, quantos filhos quero ter, que profissão meus filhos terão, como o futuro deve ser, aonde quero chegar, como um relacionamento deve ser, como a solteirice deve ser. Mas estamos coabitando um mundo. A cadeira em que você está sentado existe, o piso sob seus pés existe, a última pessoa com quem você trocou algumas palavras existe. As necessidades do outro existem, a dor do outro existe, o jeito de ser do outro existe, o outro existe. Os peixes existem, o ar existe, as frutas existem, as florestas existem. Você existe. Pode parecer estranho reafirmar isso, porém mais estranho ainda é nos esquecer do mundo e de nós mesmos. Para estarmos no mundo, precisamos perceber o mundo, e, para isso, precisamos nos libertar dessa fixação por nossos anseios, nossos desejos, nossos planos. Essa fixação nos distancia da

> "E por isso, por perder o mundo/ Separo-me de mim. Pelo Absurdo."
> Hilda Hilst, "Via Espessa"
> (em *Da poesia*)

experiência, e a vida e a interação humana acontecem na ordem da experiência.

A nossa vida, a vida do outro — nosso cônjuge, nossos filhos, os vizinhos de mundo com quem cruzamos na rua ou sobre quem lemos no noticiário —, a dor e a alegria que experimentamos com esse outro, tudo isso são experiências que não se passam apenas na nossa cabeça, mas que estão no mundo. Nós percebemos as experiências a partir do nosso ponto de vista, mas elas acontecem no mundo. Se ficamos enclausurados na nossa mente, não vivenciamos as experiências, apenas nos mantemos presos em intermináveis labirintos mentais. Prisioneiros, é claro que viveremos tristes, angustiados, desconectados de nós mesmos e dos outros, achando tudo meio sem graça. Muitos e muitas de nós estão se esquecendo do mundo, e, se esquecendo do mundo, esquecemos de nós mesmos.

Será que os sentidos de quem anda se esquecendo do mundo e de si mesmo precisam estar fortemente estimulados com excessos de toda ordem para que, finalmente, sinta o mundo? Grandes quantidades de comida, de compromissos e por aí vai. Muitos e muitas de nós andam tão trancados e trancadas em uma versão "mais compacta" da subjetividade, como veremos mais adiante, que, para nos darmos conta de que há um mundo, só se estivermos sendo guiados por exageros. É como se estivéssemos perdendo nosso paladar para a existência. Só botando muito sal ou muito açúcar na

> "A vida sozinha não vive. É preciso sair da frente da vida. Estamos aqui para fazer a vida viver através de nós, e não o oposto."
>
> Marcelo Ariel, no filme
> *Pássaro transparente*

vida para sentir o sabor dela. Cada vez mais sal e açúcar: nunca é suficiente.

Entre os desdobramentos do apagamento do mundo está uma insatisfação crônica, um contato superficial com os outros seres vivos, as situações e as coisas. Uma intolerância à escassez de acontecimentos. Uma inveja em relação ao que os outros têm e nós, colonizadores que somos (que achamos que temos que ser), não temos. Uma sensação de que somos invejados, de que os outros, colonizadores (que achamos que são), querem de nós o que temos. Uma constante impressão de que estamos ameaçados. Um modo de viver na chave da comparação, da competitividade e dos jogos de poder. Uma impaciência com as contrariedades. Um vício em elogios e massagens no ego. Uma aversão quando a diferença entre nós e o outro se impõe: como assim, ele/ela não pensa/não acredita/não age como eu? Uma dificuldade de confiar, de se entregar e de amar com profundidade.

Sobre relacionamentos e massagem no ego: quantos de nós estamos numa relação dita "amorosa", nos dizendo encantados por alguém, quando, na verdade, estamos usando o outro para ter nosso ego massageado? Antes de criticar mentalmente algum ex, olhemos para a fundura da nossa necessidade de sermos adorados, elogiados, de acharmos que estamos agradando, de vermos o outro como um instrumento para que tenhamos reafirmado para nós mesmos o nosso "valor". Quando "amamos" assim, não estamos vendo o outro, porque não estamos conseguindo ver o mundo.

> "Eu não conseguia ver que aquilo era amor delicado. E me parecia o tédio."
>
> Clarice Lispector,
> *A paixão segundo G.H.*

No meu entendimento, para nos aproximarmos de nós mesmos, é urgente reabitarmos o mundo não como ávidos exploradores que estão vindo de fora, mas como nativos que se relacionam verdadeiramente entre si e com a natureza. É preciso nos libertar da espiral e lembrar que o mundo existe. Que não é perfeito, mas existe. "Perfeito" é uma abstração, não é o mundo; perfeitos são os ideais. O mundo existe com toda a sua força, seu mistério e também sua potência, suas possibilidades de transformação.

Transformamos o mundo não com expectativas altíssimas sobre ele, não com idealizações delirantes, mas com nossa capacidade de criar, de inventar. Assim distingo entre uma coisa e outra: a criatividade é ativa, *cria* novas possibilidades, enquanto a expectativa *demanda* a concretização de possibilidades, que, se não forem concretizadas, causam de um mal-estar passageiro a ressentimentos profundos. A imaginação pode servir tanto à criatividade quanto às expectativas. Lin Yutang escreve em *A importância de viver* que as pessoas que têm imaginação fértil são mais insatisfeitas e tristes, mas entendo que a insatisfação e a tristeza crônicas vêm não da faculdade de imaginar, mas do direcionamento da imaginação para as expectativas e idealizações e também para os nossos medos, para a nossa raiva etc., e não para a invenção. Com a

> "Deixar a sua luz brilhar e ser muito tranquilo/ Deixar o seu amor crescer e ser muito tranquilo/ Brilhar, brilhar, acontecer, brilhar faca amolada/ Irmão, irmã, irmã, irmão de fé faca amolada."
>
> Beto Guedes e Milton Nascimento, "Fé cega, faca amolada"

criatividade, temos belas ideias para obras artísticas e também para solucionar problemas urbanos, matemáticos, científicos, conjugais, educacionais, políticos. A criatividade nos conecta ao mundo, mas as expectativas nos descolam dele por alguns instantes — ou por uma vida inteira.

Estamos apagando o mundo e, com isso, apagando a nós mesmos. Abrindo-nos para enxergar o mundo, abrimo-nos para nos enxergar. A partir daí, a paisagem interior floresce, a nitidez mental aumenta, não nos sentimos tão desamparados. Penso que não se trata de obedecer a isso como se fosse uma lei, ou de acreditar nisso como se fosse uma pretensa verdade exterior, ou mesmo de tentar comprovar isso de alguma maneira científica, mas sim de ser atravessado por isso anímica, artística e corporalmente: trata-se de experimentar e perceber o que acontece.

2. Parecer versus ser

Pense em um clube que tem lixeiras separadas para papel, metal, plástico e orgânicos. Os sócios respeitam a divisão do material, confiantes de que o clube encaminhe o lixo para alguma cooperativa que realize a coleta seletiva. Um dia, ao ver os funcionários levando o lixo para as grandes lixeiras na calçada, você descobre que eles misturam todo o conteúdo separado pelos sócios. Até orgânicos com inorgânicos são misturados. Por que, então, o clube capricha tanto nas lixeiras coloridas com nomes diferentes em cada uma delas?

O exemplo serve para pensar sobre a questão da aparência *versus* a essência. O comprometimento desse clube não é com a causa do meio ambiente, mas com a imagem de que ele se preocupa com o meio ambiente. E isso é muito comum. Pode soar óbvio lembrar que nem sempre parecer é igual a ser. Como vivemos em tempos de extrema valorização da imagem, porém, vale pensar mais profundamente sobre quando confundimos quem os outros são com quem parecem ser. E quando confundimos o que parecemos ser com o que somos. E por que andamos fazendo isso cada vez com mais frequência.

Quantas vezes estamos mais empenhados em produzir belas imagens de nós mesmos e nós mesmas em vez de frutificarmos nossas belezas genuínas? Com que estamos de fato comprometidos? Com ações éticas ou em mostrar que somos éticos? Com algum engajamento político ou em exibir para nossa turma que também pensamos como eles, que também somos a favor disso e contra aquilo? Em comer, conversar e relaxar numa festa ou em fotografar, "lacrar", "causar"? Com os desejos que expressam o que de fato queremos ou com os desejos que achamos que são nossos, mas que não são nossos de verdade: são desejos que estão aqui dentro para atender a todas as imagens que queremos passar, tantas vezes sem perceber que estamos querendo?

Sobre essa questão do desejo, o escritor e pensador francês Guy Debord escreve em *A sociedade do espetáculo*: "A alienação do espectador em favor do objeto contemplado (o que

> "Vive por um triz/
> Aquele que acredita
> no que o espelho diz."
> Germana Zanettini,
> *Eletrocardiodrama*

resulta de sua própria atividade inconsciente) se expressa assim: [...] quanto mais aceita reconhecer-se nas imagens dominantes da necessidade, menos compreende sua própria existência e seu próprio desejo". É como se nos identificássemos com falsos desejos, que, atendidos, não nos satisfarão, pois na verdade nós nem os queríamos.

Muitas vezes, passamos a vida desejando não coisas, mas simulacros de coisas, e brigando com fantasmas. "Se você tiver esse carro, vai ser feliz." "Se tiver esse corpo, vai ser feliz." Essa é uma guerra inglória, que não temos como ganhar, porque esse entendimento de felicidade embutido na ideia de "você vai ser feliz se..." traz uma "felicidade" entendida como uma construção externa, uma ficção baseada em quem achamos que devemos ser para apresentarmos ao outro quem achamos que o outro espera que sejamos. Esse outro pode estar diante de nós ou simplesmente na nossa cabeça, na nossa espiral mental, como se tivesse tomado nossa mente e determinado aqui dentro nossos desejos. Tantas vezes, é como se "eus" muito distantes de nosso *si mesmo* estivessem comandando nossas ações no mundo; em vez de nos conectarmos com nosso, digamos, sonar interno, com nossos desejos genuínos, ficamos perdidos, tentando atender a demandas imaginárias, escolhendo a qual narrativa externa queremos nos anexar, decidindo entre casar e comprar uma bicicleta — ou correndo no escuro, como gosto de dizer.

Certa vez, minha avó paterna me contou sobre um som que ecoava em sua infância e memória: o barulho de um martelo vindo da casa ao lado. Todos os dias, por volta das onze da manhã, quando todos da pequena Formiga, cidade de Minas Gerais, estavam servindo ou terminando o almoço, a vizinha martelava, martelava, martelava. Era a cantoria rotineira na cozinha de quem prepara os bifes: já salgados, recebiam os golpes sobre a tábua de madeira, para logo em seguida irem para o fogo e de lá para a mesa. Um dia, porém, minha avó, ainda menina, entrou na casa da vizinha por um motivo qualquer — dar um recado, pegar uma fruta que viu no chão, quem sabe uma galinha fugida do galinheiro. A cozinha, que dava para o quintal, lhe foi revelada em sua visita espontânea, infantil, e, com ela, a vizinha batendo com o martelo no vazio sobre a tábua de madeira. Não havia bife algum: no lugar da carne, era servida a imagem — a necessidade de mostrar aos vizinhos que ela tinha prosperidade suficiente para servir os bifes que, na verdade, não servia.

Três séculos antes das redes sociais, lá no *Discurso sobre a origem e os fundamentos da desigualdade entre os homens,* o filósofo Jean-Jacques Rousseau escreve sobre um dos males da vida em sociedade: depende-se tanto da opinião alheia que o prazer de uma aquisição consiste mais em mostrá-la do que em desfrutá-la. Estejamos falando de fotos, bifes, feitos gloriosos ou o que quer que as pessoas do século XVIII gostassem de ostentar, vivemos pelo nosso olhar e pelo olhar dos outros, e, nessa mistura, muitas vezes já nem sabemos o que é de fora e o que é nosso, o que nos interessa e o que não nos diz respeito, o que fazemos para os vizinhos, os próximos e os invisíveis, e o que fazemos para nós mesmos. Como escreve Debord: "Em relação ao homem que age, a exterioridade do espetáculo aparece no fato de seus próprios gestos já não serem seus, mas de um outro que os representa por ele. É por isso que o espectador não se sente em casa em lugar algum, pois o espetáculo está em toda parte".

Fixar-se nessa "felicidade" entendida como algo que vem de fora, e não em desejos que brotam em nosso interior ao sermos animados pelo mundo, é nos afastar de nós mesmos. No meu entendimento, é como se a felicidade estivesse em uma ponta e, na outra, o usufruir das coisas do mundo; numa ponta nossas molduras em torno da experiência e, na outra, a experiência. Se sempre sorvemos a experiência mediados por nossos filtros, quanto maior a nossa fixação em "ser feliz", mais grosso e distorcido é esse filtro, mais distante se está do mundo.

À medida que enxergarmos o mundo sem as distorções produzidas por nossa mente que treme, vemos mais nitidamente e temos mais discernimento para saber que desejos nos trazem alegria, potência, força interior, e que desejos crescem em nós para atender a essa corrida pela "felicidade" externa. Digo "mente que treme" pois a mente intranquila, no sentido de perturbada por invasores que não pertencem ao seu habitat, é como um binóculo segurado por mãos tremidas: como o mais belo e calmo céu azul parecerá pelas lentes desse binóculo?

Gosto de fazer uma distinção entre felicidade e alegria — a felicidade como um arco-íris lá fora, que tentamos agarrar, e a alegria como uma flor que brota no nosso interior ao receber o sol do mundo.

— • —

No famoso mito da caverna, narrado por Platão na obra *A República*, homens presos desde o nascimento só conhecem o mundo por meio das imagens refletidas no interior da caverna em que se encontram. É como se vivessem dentro de uma sala de cinema, com um filme do mundo projetado diante deles graças a uma fogueira acesa dentro da caverna escura. "Em primeiro lugar, pensas que tais homens já viram de si mesmos e dos companheiros algo que não fossem as sombras projetadas pela fogueira diante deles, na parede da caverna?", escreve o filósofo. "De maneira alguma, [...] homens em tal situação julgariam verdade outra coisa que não as sombras dos objetos fabricados." Platão chama atenção aqui para a confusão entre a imagem das coisas e as coisas: os homens que estão dentro da caverna, sem nunca terem visto o mundo, tomam pela realidade as imagens refletidas. Os sócios do clube, sem se darem conta de que o clube não recicla, tomam as belas lixeiras como prova da reciclagem.

Ter consciência de que as coisas guardam em si mesmas algo que escapa à imagem — ou seja, ter consciência de que nós, os outros e o mundo não se reduzem à imagem, de que há todo um ser ali para além dela — anda fazendo falta nos dias de hoje. Precisamos nos lembrar de olhar as pessoas, as flores, o mar e as coisas do mundo, reconhecendo que há algo que escapa ao nosso olhar.

Relacionar-se com imagens de si e dos outros achando que não são imagens é se afastar do mundo. Penso que, se estamos interessados em habitar o mundo, precisamos perceber aqueles momentos em que temos "certeza" de que estamos valorizando as coisas do mundo, quando estamos, na verdade, valorizamos as imagens e sendo escravizados pelo olhar do outro, esse outro em quem queremos tanto causar um efeito. É por estarmos tão focados em causar um efeito no outro, afinal, que nos esmeramos tanto nas imagens que transmitimos. Podemos estar preocupados em mostrar ao mundo que somos "legais", "descolados", "equilibrados", "doces", "revoltados" e muitos outros rótulos. E podemos não perceber que estamos tão preocupados com isso. Acreditar que somos isso quando não somos.

Pense em alguém interessado em "conquistar" outro alguém. Ele ou ela dirá palavras bonitas e gentis, mostrará que é bacana, que se importa com a pessoa. Fará de tudo para que o outro se sinta especial. Significa que esse alguém é realmente gentil? Significa que se importa mesmo com o outro? Claro, quando estamos interessados em alguém, damos uma "forçadinha de barra" para mostrar nosso melhor lado. A questão, de novo, é o maior comprometimento com o efeito positivo que se quer causar do que com uma genuína positividade, por assim dizer. Muitas vezes, dissonâncias muito grandes entre quem somos e quem queremos ser em determinada situação são usadas com esse tipo de fim utilitário: conquistar alguém ou então mostrar uma vida perfeita nas redes sociais, "arrasar" na entrevista de emprego transmitindo a imagem de alguém muito eficiente... O mercado de trabalho, aliás, é um âmbito da vida que costuma valorizar muito a imagem em detrimento da coisa, em alguns meios mais ainda do que em outros.

Ainda que vivamos em sociedade, ainda que circulemos em diferentes contextos, se estamos conectados com quem somos, penso que parecemos mais com aquilo que somos,

> "Também para a minha chamada vida interior eu adotara sem sentir a minha reputação: eu me trato como as pessoas me tratam, sou aquilo que de mim os outros veem."
>
> **Clarice Lispector,**
> *A paixão segundo G.H.*

relaxamos mais na nossa pele, e viver fica mais leve, menos na chave da atuação, da representação. Há como entrar no sistema sem que o sistema entre em nós? Conseguimos, com consciência, atenção e força interior, ter clareza de que nossa subjetividade não se reduz à autoimagem, de que não vivemos para a pessoa que inventamos que devemos ser? Conseguimos viver e conviver em sociedade de modo mais livre e autêntico?

Um casal que posta fotos se beijando não necessariamente está mal e só querendo mostrar para os outros que está bem. Não é que cada imagem represente necessariamente um grande abismo em relação à coisa. Mas é que, como nossa sociedade valoriza muito a imagem, e como nos entendemos na esteira dessa lógica, tem sido frequente essa distorção entre quem somos e a imagem que passamos, entre o que desejamos e o que acreditamos que desejamos para corresponder a uma determinada imagem — a ponto de, muitas vezes, nos desconectarmos de quem somos e experimentarmos uma perda de nós mesmos.

É preciso evitar o excesso de confiança nas imagens produzidas, como se a imagem correspondesse ao mundo em sua totalidade, porque essa confusão pode ser muito danosa em diferentes âmbitos. Por exemplo, inúmeras pesquisas mostram como os jovens sofrem quando se comparam aos perfis de suas redes sociais. Olhemos para dentro e observemos até que ponto confundimos, cada uma e cada um de nós, a imagem dos outros com o mundo. "Ah, ela *parece* tão equilibrada, ela é equilibrada", "O olhar dele *parece* tão bom, ele é bom", "Ela *parece* estar se divertindo, ela *está* se divertindo", "Ontem fulano falou que sou incrível, eu *sou* incrível",

"Hoje beltrano falou que sou péssimo, eu *sou* péssimo". Quem sou eu? Quem é o fulano? Não estamos todos em movimento, aliás? É nesse sentido que, quando nos reduzimos à nossa autoimagem e à imagem que os outros têm de nós, nos perdemos de nós mesmos e do mundo.

Perceba que, quando sofremos ao nos comparar com os outros nas redes sociais, quando nos atormentamos porque não temos a vida que alguma celebridade mostra e quando somos tomados pelo sentimento de inveja de todas essas pessoas, estamos nos retirando do mundo. Perceba que, quando sofremos porque não correspondemos à imagem que entendemos que precisamos corresponder, mal estamos pisando na grama do mundo. Como Debord afirma em *A sociedade do espetáculo*, "O espetáculo, em geral, como inversão concreta da vida, é o movimento autônomo do não vivo".

Diante dos avatares nas redes sociais, estamos nos relacionando com as imagens de outros que nem conhecemos, nem sabemos como são por dentro, e nos relacionando não com quem somos, mas com quem queremos ser. Indo mais longe: até que ponto faz sentido dizer que conhecemos alguém, se, nesse alguém, há sempre algo maior do que a capacidade de nossa mente de apreender? Quanto de convivência e de empatia seria necessário para declararmos com pelo menos um pouco mais de substância que conhecemos alguém? É claro que, no dia a dia, usamos a expressão "conhecer alguém" — mas, no nosso íntimo, não faz mais sentido pensar que o convívio humano é sempre uma dança de estranhamento e entranhamento? O outro como um estranho íntimo, como aquele que não tentamos definir e colonizar com nosso olhar, e sim reconhecer, e visitar e ser visitado?

— • —

Confundimos as coisas que compramos e o "estilo de vida" que temos com o nosso valor, o fato de sermos "bem-sucedidos" no trabalho com sermos melhores do que os outros. Substituímos o *ser* pelo *ter* (e pelo *parecer*). Gosto muito desta fala da psicanalista Maria Rita Kehl em entrevista de 2009 à revista *Caros Amigos*:

> Todo mundo fala: "Que sociedade de consumo? Brasil? Menos de um terço pode consumir o básico". E eu insisto que essa sociedade é de consumo. [...] A questão não é a sociedade de consumo porque todo mundo está consumindo furiosamente, pouca gente está consumindo furiosamente, mas as pessoas medem o que elas são pelo que elas podem consumir, medem o sentido da sua vida pelo que podem consumir. Estão convencidas de que o valor delas e das outras se define pelo que elas podem consumir. Por isso sociedade de consumo, pela crença, não necessariamente pelos atos.

Eis um forte ingrediente do nosso caldo contemporâneo: vivemos em uma sociedade de consumo. Claro, eu compro, você compra; é assim que adquirimos bens e serviços no sistema em que vivemos. Mas o consumo segue uma lógica que se estende para além do ato de comprar e vender: tem a ver com o modo como nos enxergamos, com quem queremos ser, com o que (achamos que) desejamos, com a maneira como entendemos nossas relações e com essa tal lógica das imagens perpassando nosso estar no mundo. É como se estivéssemos o tempo todo empurrando um carrinho de supermercado passando por prateleiras, cheios de expectativas em relação a eles, os produtos: eu sou uma pessoa e quero isso dessa pessoa, quero isso da vida, quero isso deste momento, quero isso do meu corpo; se tal pessoa não me dá isso, ela é "ruim"; se eu não tenho aquilo, não sou "feliz"; se não consigo ir àquela festa, ter aquele corpo ou vestir aquela roupa, diminuo minha estima por mim mesmo.

— • —

Pensemos em quem acredita demais nos aplausos e cria uma relação de dependência com o *feedback* de sua "audiência". Quanto essas pessoas não estão exatamente vivendo, mas atuando. Existindo para agradar o outro, no sentido de continuar dando o que entendeu que o outro quer. Levando uma "vida" que consiste em uma encenação, como se a opinião das pessoas sobre nós definisse nosso valor e atestasse que estamos no mundo.

> "Não me venham dizer que existo."
> Manuel de Freitas, *[SIC]*

Quando nos comprometemos mais com nossa imagem do que com nosso *si mesmo*, nos afastamos do mundo. Ainda que não saibamos definir o *si mesmo*, podemos, mais uma vez, experimentar os dolorosos efeitos colaterais de quando levamos uma existência desconectada dele.

Quando somos mais facilmente manipuláveis, enganados, seduzidos pela imagem que outra pessoa — com o intuito consciente ou inconsciente de manipular — estava passando? Espinosa escreve no prefácio do *Tratado teológico-político* que, quando estão divididas entre a esperança e o medo, as pessoas estão sempre dispostas a acreditar no que for. "A que ponto o medo ensandece os homens! O medo é a causa que origina, conserva e alimenta a superstição." E se, em vez de superstição, pensarmos em qualquer forma de manipulação?

Quando se está muito inseguro, triste, perdido, ou simplesmente invadido por qualquer forma que o temor pode assumir, pode-se desejar desesperadamente que algo seja "verdade". Tomados pelo enfraquecimento do nosso ser, é claro que confundiremos "eles parecem ter uma vida perfeita" com "eles têm uma vida perfeita", "ela parece tão autoconfiante" com "ela é tão autoconfiante", "ele parece gostar de mim" com "ele gosta de mim". Se estamos desesperados por algo ou alguém que "nos salve", seja um poder institucionalizado, uma pessoa ou um bem material, é claro que seremos mais facilmente seduzidos por esse poder, essa pessoa, esse bem; é claro que compraremos gato por lebre. Se nos fixarmos no parecer, negaremos os fatos quando eles não se encaixarem naquela imagem em que queremos tão avidamente acreditar, botaremos panos quentes nos dados que nos desagradarem, nos enganaremos — fugiremos do mundo e nos tornaremos reféns da nossa espiral mental.

Medos, defesas e carências empoeiram o olhar, impedindo-nos de enxergar com nitidez as ações, as pessoas, o mundo. Veremos mais sobre isso. Por enquanto, observemos. Nossa sede por ter nosso valor confirmado pelo olhar externo, nossa dependência de aprovação, nossa necessidade de ouvir repetidas vezes e de diferentes formas o quanto somos queridos, amados, tudo isso nubla o mundo.

Não é à toa que tantas e tantos de nós se sentem distantes de si mesmos: estamos sendo "puxados" para esse lugar de atuar, de encenar, ao qual é difícil resistir se não estivermos bem centrados. Somos convocados a todo instante a adotar um "estilo de vida" em que há uma preocupação muito maior com a imagem do que com os autênticos valores e convicções, o que de fato pensamos, o que de fato sentimos. Ceder a esse "estilo de vida" cobra um preço alto: por exemplo, sensação de desconexão, de vazio e também de frustração constante e estresse que não vem e vai, mas fica como um pano de fundo.

Muitos e muitas de nós passamos o dia num trabalho em que precisamos encenar, senão seremos demitidos. Isso gera um desgaste que não é fácil. Viver em sociedade, ajustar nosso *si mesmo* aos papéis sociais não é simples. Porém, o apagamento do outro e do mundo configura um estar no mundo ainda mais problemático do que já é por definição. Uma coisa é levar em conta o olhar do outro antes de agirmos, outra coisa é nos perder no olhar do outro; nos perder de quem somos, do que não gostamos, do que desejamos.

Proponho que olhemos para as possíveis distorções entre quem somos e a imagem

> "Quem sabe, se fingissem menos naturalidade ficassem mais naturais. Ninguém ousaria. Cada uma tinha um pouco de medo de si própria, como se se achasse capaz das maiores grosserias mal se abandonasse um pouco."
>
> Clarice Lispector, "Crônica social", em *A descoberta do mundo*

que passamos. Entre quem somos e quem queremos ser, ou quem achamos que precisamos ser.

Quando nossas emoções estão profundamente relacionadas à necessidade de aprovação? Onde tem habitado nosso comprometimento? Estamos comprometidos com nossa verdade? Ou com nossa imagem? Com os elogios? Com a necessidade de aplausos? Quando escrevemos um *post* numa rede social, quando publicamos uma foto, quando somos educados com o vizinho, quando falamos para nosso amigo o que achamos que vai lhe fazer bem — em todas essas ocasiões, quando estamos intimamente conectados ao que queremos passar e quando estamos desempenhando um papel? Quando agimos em consonância com quem somos e quando estamos fazendo algo apenas porque é o que "devemos" fazer para corresponder à imagem que buscamos passar para os outros e para nós mesmos?

Observemos quanto nos criticamos. Quanto nos decepcionamos conosco. Quanto nos sentimos mal por sermos quem somos. Olhemos não para nossa imagem, mas para nosso interior frágil e enevoado como o mundo lá fora: quanto maior a dependência do olhar alheio para sentirmos que temos valor, mais frágeis e enevoados estamos por dentro. Nossos tempos nos convocam a depender

> "E eu andava, e tudo que eu andava fazendo e sendo eu não queria que ele visse nem soubesse. Mas depois de pensar isso me deu um desgosto, porque fui percebendo, por dentro da chuva, que talvez eu não quisesse que ele soubesse que eu era eu, e eu era."
>
> Caio Fernando Abreu,
> *Além do ponto*

muito desse olhar alheio. Andamos cada vez mais carentes, mais angustiados e mais ocos. Se quisermos viver no mundo, precisamos observar com honestidade aqui dentro, soltar um pouco esse "nós para o outro". Confrontar quem somos na solidão, nos silêncios. Sugiro que observemos quanta atenção temos empregado na aparência física, nas roupas e em toda espécie de complicação advinda da vida em sociedade; sugiro que decidamos se queremos continuar nos preocupando com a mesma intensidade com isso, se queremos gastar o dinheiro que temos gastado com isso e dedicado a quantidade de pensamentos que temos dedicado a isso. Vamos perceber se tratamos de modo diferente quem não achamos "bonito o suficiente", "legal o suficiente", "bem-vestido o suficiente" ou não for da "nossa turma": tudo isso está relacionado.

Quem você acha que precisa ser para ser "legal"? A quem precisa agradar?

Percebamos o que nos acontece quando somos criticados. Avaliemos o peso que as críticas têm sobre nós. Ficamos muito abalados com críticas? Estávamos tranquilos com o que tínhamos feito, e agora não estamos mais?

"[...] Quando Obiora disse que Nkem tinha olhos de sereia, ela se sentiu mais bela do que nunca, como se aquele elogio tivesse lhe dado um par de olhos novos."

Chimamanda Ngozi Adichie, *No seu pescoço*

Quando isso acontece, corremos para desabafar com alguém que sabemos que vai nos cobrir de elogios? Ou, então, continuamos seguros em relação ao que fizemos, mas sentimos muita raiva de quem nos criticou? Detestamos a pessoa? Sentimo-nos furiosos, ou rejeitados, ou sentimos um vazio?

São estados comuns quando não estamos pisando na grama do mundo. Quando estamos num mundo enevoado, vivendo para o olhar do outro.

Da mesma forma, percebamos quando o outro está dando valor mais à imagem que estamos passando para o outro do que a quem realmente somos. Quando esse outro valoriza demais nossa imagem, ou a avalia demais, ou a critica, ou se frustra muito com ela, quando tenta nos "encaixar" na imagem que ele está vendo de nós, note que esse outro não está enxergando nem nós nem o mundo muito bem. E que não precisamos distorcer nosso ser para ele ser bem focalizado pelas lentes míopes do outro. Quando nos sentimos na obrigação de atender a imagem que o outro formou de nós, distanciamo-nos de nós mesmos para sermos aqueles que entendemos que os outros querem que sejamos. Assim, o outro nos objetifica, e nós nos perdemos de nós mesmos.

Não levar em consideração o olhar do outro sobre nós: não é disso que se trata; não somos autossuficientes, vivemos acompanhados e acompanhando. Porém, mais uma vez: há uma diferença enorme entre levar em conta o que o outro acha ou espera de nós, e nos perdermos no olhar do outro sobre nós. Penso que, para vivermos no mundo, precisamos nos conectar cada vez mais com nosso *si mesmo*, e não com a imagem que passamos. Precisamos olhar para nós, e não para quem queremos que o outro acredite que somos. Precisamos fortalecer e florescer cada vez mais o nosso dentro, e não o que entendemos que o outro valoriza, por mais que vivamos em sociedade, por mais que nos vistamos

> "Não é minha culpa a sua projeção."
> Pitty, "Me adora"

ao sair de casa, digamos assim. Precisamos nos libertar desse outro opressor que, mesmo quando estamos sozinhos, às vezes grita em nossa mente: deixando de ser aquele que nos acompanha e a quem acompanhamos para se tornar o outro que grita, ordena, oprime e nos sequestra de nós mesmos.

No livro *O poder do mito*, Joseph Campbell escreve: "Quem cresce em um ambiente extremamente restritivo e autoritário dificilmente chegará a atingir o conhecimento de si mesmo". Numa sociedade que valoriza tanto a imagem, a restrição e o autoritarismo estão diante do nosso nariz, mas também dentro da nossa cabeça, minando nossa força de ser. Você quer pisar na grama e há uma placa "Não pise na grama": essa é uma restrição do mundo, e nosso mundo está cheio delas. Mas e quando não há placa na grama, mas apenas uma gigante placa dentro da nossa espiral mental? Nesse caso, o autoritarismo está dentro de nossa cabeça, minando nossa força interna por nos levar a uma postura submissa e passiva diante do mundo enevoado, o mundo que mal estamos enxergando.

Não há como eu ou você correspondermos perfeitamente a uma imagem, ainda que ela possa ser mais ou menos representativa de nós, mais próxima ou mais distante de nós mesmos, por assim dizer. Somos vastos. Somos complexos. Estamos em constante devir. Existimos em potência, força e mistério. Somos, afinal, um *ser humano*. Ou, simplesmente, um *ser*.

"Seja você mesmo" é um discurso frequente. Mas viver enclausurado na nossa mente, na nossa necessidade de impressionar e nossa preocupação com quem queremos parecer está longe de "ser nós mesmos". Muitas vezes, por trás desse discurso há uma convocação para sermos qualquer um, menos nós mesmos: um chamado para colocarmos nossa dependência de elogio, de "afeto", acima de quem somos e também acima de quem os outros são: reduzimos toda a potência do outro a uma plateia. Há, muitas vezes, uma confusão entre necessidade de chamar atenção e autoestima, como se amar a si mesmo significasse entrar numa corrida pelo comprometimento com a imagem, com sua "melhor forma", como você tem que se vestir, o que precisa falar, como vai "causar". Observe como ficar muito concentrado na imagem que está passando, nos efeitos que está causando, é viver aprisionado pelo olhar do outro. É ostentar uma falsa segurança, uma falsa autossuficiência. É estar longe de si. E do mundo.

3. Pressa, busca do prazer e perda da singularidade

No documentário *O guia pervertido da ideologia*, o teórico esloveno Slavoj Žižek fala de um traço muito característico dos nossos tempos e que consequentemente banha nosso olhar e nossas relações: o estranho dever do gozo. Vivemos em uma sociedade tão orientada para o prazer que experimentamos a constante sensação de nunca estarmos desfrutando o suficiente. Há um imperativo tão forte para que sintamos prazer — Compre! Transe! Veja o filme tal! Faça o programa tal com seus amigos! Viaje! Olhe a nova ginástica! O novo aplicativo! O novo jeito de se vestir! O novo jeito de trabalhar! — que sentimos que precisamos aproveitar a vida ao máximo... E esse máximo nunca chega.

O prazer, no fim, vira uma espécie de terra prometida: corremos incessantemente atrás dele, mas nunca o alcançamos. Isso, claro, gera uma sensação de frustração. Ficamos sempre insatisfeitas e insatisfeitos, não importa o que estejamos fazendo. Estamos felizes com o começo do namoro, mas olhe essa outra pessoa aqui na minha rede social; ela é tão interessante, e está solteira. Comprei passagens para Tóquio, oba, mas, puxa, olha essa outra pessoa indo para a Indonésia... A Indonésia agora está me parecendo *tão* mais legal. Oba, agora estou aqui na Indonésia... planejando minha viagem à China.

Estamos sempre de olho nas outras possibilidades e seguimos emaranhados em excessos de todos os tipos: comida, compras, passeios e tantos outros. Nós nos viciamos em emoções e em altos e baixos: precisamos nos sentir estimulados o tempo todo; solitude e silêncio, só com wi-fi. O momento presente nunca basta. O que temos nunca basta. Queremos *mais*.

Será que queremos mesmo? Ou somos estimulados a querer, e vamos atendendo passivamente a esse chamado? Como vimos, há quereres aqui dentro que estão a quilômetros do nosso *si mesmo*. Quando um querer que, no fundo, não é nosso se junta à pressa, à urgência, à necessidade de ter mais e mais prazer de que fala Žižek, como experimentaremos a alegria tranquila, ainda que sempre em movimento e sujeita a intempéries, de estarmos vivos, de estarmos no mundo?

Aí dentro da mistura de que é constituído o nosso eu, que músicas decidiremos continuar ouvindo e que estações desligaremos? A que imperativos continuaremos dando poder e de quais "verdades" decidiremos nos libertar?

O prazer fácil, imediato e disponível está por todos os lados e é muito viciante. Sabemos o quanto um bolo de chocolate com cobertura pode ser delicioso ou, digamos, uma tarde de compras, uma noite dançando. Indo mais além, sabemos o quão prazeroso pode ser receber elogios, aplausos e curtidas, e o poder que isso é capaz de exercer em nós. O ponto é que nem mesmo uma sucessão de prazeres dessa ordem basta para que nos sintamos *conectados* à existência: só saciam uma parte de nós. Ir a uma festa, comer, viajar, dançar, comprar: tudo isso nos enche de uma sensação deliciosa, mas passageira.

E, ainda que uma vida de prazeres sem fim fosse possível, você largaria sua vida agora para se acoplar para sempre a uma máquina que reproduziria todos os prazeres possíveis? Você não precisaria percorrer nenhum caminho para chegar a esses prazeres, e também não sentiria nenhum tipo de desprazer. Adeus, família, faculdade, trabalho, amigos, seriados, livros: durante todo o tempo, você estaria flutuando em um tanque com eletrodos ligados ao seu cérebro, desfrutando uma ininterrupta sucessão de gozo. E então? Você trocaria? Esse exercício mental foi proposto pelo filósofo americano Robert Nozick, e imagino que sua resposta seja "não". A minha também. Duas horinhas conectada à máquina? Ótimo. Mais do que isso, obrigada, tenho mais o que fazer.

Talvez nosso *si mesmo* não esteja interessado só no prazer. Interessamo-nos por processos. Por construir coisas. Desenvolver vínculos. Dedicar-nos a projetos que façam nossos olhos brilhar, sentir que estamos aprendendo com o passar do tempo, ficando mais maduros; até mesmo cometendo erros diferentes em vez de repetir os mesmos. Talvez entre nossos quereres mais vivos, mais profundos, estejam aqueles que se conectem com o fato de que nosso ser é um ser acompanhado, e não apartado de nosso entorno: cultivar vínculos significativos, buscar prosperar para além da noção de "sucesso", acolher os outros e ser acolhido, contribuir com o bem-estar de nossos vizinhos de mundo, aprender sobre assuntos e técnicas que, valorizadas ou não socialmente, *nos* interessem, encham *nossos* olhos. Queremos o que pode ser chamado de *realização*. Para isso, usamos as redes sociais e acessamos outros prazeres rápidos, sim, mas percebemos que uma vida muito atrelada a isso nos distancia da sensação de estar vivos. Desfrutamos uma festa, um encontro, mas, se buscamos a "sustância" da existência nisso, nos frustramos. Mais uma vez: acredito que essa sustância venha da nossa conexão com nosso *si mesmo*, com enxergarmos o mundo e a nós. Quantas vezes a dependência do excesso de prazer é um sintoma da distância entre nós e o mundo? Quantas vezes o prazer deixa um vazio ao ir embora, sem nem ter cutucado a alegria, aquela que brota no nosso interior?

A realização também envolve momentos de desprazer. Processos, construções: isso, além de dar trabalho e demandar tempo (e andamos impacientes e imediatistas, certo?), envolve desprazeres, para não falar do medo da frustração e da dor. A múltipla oferta de entretenimento, as propagandas, o *feed* das redes sociais adoram nos convencer de que podemos fugir da dor — basta comprar a coisa certa, estar no lugar certo, usar "o *look*" certo. A dor, porém, sabemos, faz parte de estar no mundo: ela nos visitará em algumas experiências. Fugir da dor, nos entregando à distração compulsiva, é um caminho fácil para o amortecimento, a angústia sem nome, o estreitamento existencial, o tédio profundo entre as brechas de euforia.

Filhos são ótimos, mas precisam ter as fraldas trocadas, interrompem nossa leitura, acordam no meio da noite, impedem que saiamos com os amigos quando não temos ninguém para ficar com eles. A pessoa por quem estamos apaixonadas acorda mal-humorada, nosso parente pisa na bola, a amiga tão querida nos desaponta. Podemos ter conquistado o nosso trabalho dos sonhos, mas e a preocupação com aquela reunião de amanhã? Viajar é uma delícia, mas e as filas no aeroporto e os pernilongos que não aparecem na propaganda? E aquele dia em que nos bate um cansaço, uma desesperança, um desalento? Amamos chegar em casa, ter nosso espaço... Mas e as listas de compras, o encanamento, as pendências, os cantos cheios de pó?

Nossas realizações talvez sejam uma espécie de raiz da vida, uma estrutura que nos mantém de pé, uma boia que nos faz voltar quando estamos longe. Podem ser tudo aquilo por que agradecemos nos momentos de gratidão, ainda que não saibamos a que ou a quem exatamente estamos agradecendo; podem ser o que escreveríamos no nosso epitáfio. Viver só para as realizações, porém, pode endurecer os dias. Se um desfecho comum para a vida do hedonista, aquele que vive para a satisfação dos prazeres, é a autodestruição e, antes

> "No dia seguinte, Dorian não saiu de casa e, na verdade, passou boa parte do tempo no quarto, doente, com um medo alucinado da morte e, ao mesmo tempo, indiferente à vida."
>
> Oscar Wilde, *O retrato de Dorian Gray*

disso, a sensação frequente de desconexão, de falta de propósito, aquelas pessoas tão focadas na realização a ponto de abrir mão dos desinteressados e leves momentos de prazer podem perder de vista alguma parte do caminho, por mais que o seguro de vida esteja em dia. Gosto de pensar em uma composição, às vezes desafinada, às vezes muito bem orquestrada, entre o que me realiza e o que me dá prazer.

O que nos realiza? O que nos dá uma sensação de preenchimento mais duradoura? Como fazemos, cada um e cada uma de nós, para dançar entre prazer e realização?

— • —

Lembro-me de quando era pequena e precisava esperar a terça-feira chegar para assistir ao meu desenho preferido. Minha filha nem sabe o que é isso: basta ela acessar os programas de *streaming* para ter disponível um sem-número de conteúdos. Também lembro que, quando eu era adolescente, a pessoa que viajava para o exterior "sumia" por um tempo. Ligações eram tão caras! Hoje, mandamos uma mensagem e nos comunicamos na hora, mesmo que ela esteja do outro lado do mundo. Com isso, já nos acostumamos. Do que nem sempre nos lembramos é que nem tudo da vida obedece a essa lógica da aceleração.

Outro dia, uma seguidora me mandou uma mensagem perguntando como ela fazia para esquecer o ex bem depressa... Respondi que as coisas têm seus ciclos próprios, e algumas se sucedem em um tempo mais lento. Esquecer um ex e criar um vínculo com um novo parceiro são alguns exemplos. Assim como o fato de os bebês continuarem levando nove meses para nascer (pelo menos, enquanto escrevo este livro) e de termos que dormir à noite se quisermos manter a cabeça mais ou menos no lugar no dia seguinte. Em suma, precisamos fazer pausas, além de nos dedicar profundamente a algumas tarefas que requerem mais tempo para ser concluídas do que, digamos, fritar um ovo.

Recordo uma vez em que fui dar uma palestra e um universitário levantou a mão para comentar que tinha adorado um livro juvenil que escrevi chamado *O novo mundo de Muriel*. "Eu quero muito ser escritor", ele disse. "Mas não tenho paciência para passar tanto tempo escrevendo duzentas, trezentas páginas. Como faz para ter paciência?" Achei aquilo tão curioso, um sinal da nossa pressa atual. Se às vezes não temos paciência para algo que queremos, imagine como está nosso grau de paciência para tudo aquilo que *não* queremos.

Na contemporaneidade, muitas coisas seguem a lógica do rápido e do instantâneo: fazer uma compra on-line, por exemplo. A questão que se coloca é acreditar que tudo obedece a essa lógica (como escrever um livro!). E quando achatamos nosso dia em uma sucessão de tarefas: não animados pelo mundo, mas desvitalizados pela nossa espiral mental, vivemos como autômatos, atendendo às demandas externas imaginárias e às demandas reunidas nas nossas intermináveis "listas de tarefas".

Qual foi a última vez que, sentado no sofá com uma xícara de chá na mão, olhando a paisagem lá fora, você ficou apenas fazendo isso, dando-se conta da fumaça saindo da xícara, do vento entrando pela janela? Se você for capturado pela desvitalizante espiral mental e pela urgência das intermináveis listas, provavelmente ficará revezando na mente preocupações e pensamentos de toda espécie, talvez se alternando entre fazer isso e mexer no celular. Você não olhará a paisagem, nem sequer sentirá o vento ou notará a fumaça: não estará observando o mundo, mas sendo tragado por sua mente.

Em *A arte de sentar*, o monge e pensador vietnamita Thich Nhat Hanh escreve: "[...] quando sua 'qualidade de ser' é baixa (quando você não tem paz, compreensão ou equanimidade suficientes, mas mesmo assim tem muita raiva e preocupação), suas ações também terão baixa qualidade. Suas ações deveriam se basear em uma 'alta qualidade de ser'. Ser é 'não ação'. Portanto, a qualidade da ação depende da qualidade da não ação. A não ação já é alguma coisa. Certas pessoas parecem não fazer muita coisa, mas a sua presença é crucial para o bem-estar do mundo. [...] A qualidade da sua presença as torna verdadeiramente disponíveis. Elas estão contribuindo com a não ação, com a alta qualidade de sua presença".

Observemos a qualidade e a força da nossa presença durante as tarefas diárias, como lavar louça, caminhar, brincar com os filhos ou irmãos mais novos. Quando conversamos com alguém, ouvimos verdadeiramente o que ele nos diz ou apenas balançamos a cabeça vagamente enquanto pensamos em outra coisa?

> "Já falei demais de mim. Agora vou sentar e observar a vida. Você pode vir e observá-la comigo, se é que se interessa por isso."
>
> Oscar Wilde, *O retrato de Dorian Gray*

— • —

Andamos nos esquecendo da singularidade das pessoas (a nossa e a dos outros) e das situações. Fechar-se para a singularidade é um dos modos de enevoar o mundo.

Um dos riscos do imediatismo tão característico de nosso tempo é o de fazer interpretações rápidas demais. Como estamos acelerados e queremos que tudo obedeça à velocidade, falta, às vezes, não só tempo para se aprofundar em interpretações, mas disposição para isso. Estou falando de interpretações de textos ("Isto aqui é verdade, nem vou parar para conferir se é *fake news*", corremos o risco de achar diante de uma notícia) e também de interpretações do que nos acontece. "A pessoa falou isso? Ela é chata"; "Aconteceu aquilo com o projeto? Ih, então não vai dar certo"; "Eu queria tanto uma coisa, mas fiquei sabendo disso... Então não quero mais"; "Fulano falou que sicrano é babaca? Sicrano é babaca". Se não pensamos sobre o argumento dessa pessoa ou refletimos sobre o querer daquela outra, se não nos damos tempo para esfriar a cabeça e digerir o que se passou, vamos lidando com as pessoas e as situações como se tudo fosse "genérico" e tirando conclusões precipitadas e categóricas, em vez de enxergar cada evento em sua particularidade. A pressa para definir o mundo achata a possibilidade de experiências genuínas, deixa nosso olhar mais empobrecido e as relações mais superficiais.

Darei um exemplo pessoal que tem a ver com essa dificuldade de enxergar a particularidade. Eu estava saindo com um cara, e ele me mandou uma mensagem dizendo que estava sentindo saudade "daquela menina de que ele gostava tanto". Pensei: *Se temos a mesma idade, por que ele me chama de "menina"? Por acaso, ele me acha inferior a ele?* Na época, eu andava em estado defensivo: se não era a palavra "menina", era outra coisa; o caso é que, como mulher, eu me sentia colocada em um lugar de inferioridade tantas vezes que, durante um período, fiquei reativa, me enfurecendo de uma hora para outra com qualquer "coisinha". Pois bem. Apesar do incômodo, acabei não comentando nada. Estávamos nos conhecendo, eu queria conviver mais com ele antes de entrar nesse tipo de discussão. No dia seguinte, mais uma mensagem dele: "Como vai a minha menina?". Mais incômodo, embora eu tenha respondido normalmente. Até que, no outro dia, ele envia: "Bom dia! Você está com saudade do seu menino?". Na hora, entendi que ele, apesar de seus quase 40 anos, referia-se carinhosamente a homens e mulheres como "meninos" e "meninas".

Se buscamos nos tornar menos reféns da nossa idealização e das expectativas sobre as pessoas e o mundo, se queremos, de novo, enxergar o mundo, pisar na grama do mundo, precisamos nos libertar da lógica da pressa (e das nossas "raivas e medos de estimação", como falarei no próximo capítulo). Precisamos nos reentranhar nos silêncios, nas pausas entre as frases e os eventos, nos respiros entre os pensamentos. Precisamos estreitar os laços com nossa capacidade de prestar atenção. E ampliar nossa abertura à singularidade — a nossa e a dos outros. Classificamos os outros, nos classificamos, mas não somos categorias, etiquetas, produtos. Apenas uma parte nossa é classificável; uma parte que pode, aliás, corresponder a um rótulo agora e não corresponder a esse rótulo amanhã. Somos seres humanos, repletos de camadas e devires. *Somos*, e ser é tornar-se. Esquecer-se disso é afastar-se do mundo.

Por mais bem informados e cientes dos nossos direitos e das injustiças humanas que

> "A singularidade é um ato de rebeldia."
> Marcelo Ariel, *Jaha ñade ñañombovy'a*

estejamos, não podemos nos esquecer disto: cada ser humano é único. Cada um e cada uma de nós tem um rosto, um DNA, uma jornada de experiências e possibilidades. Não somos um produto, uma categoria, um "tipo". Merecemos ser ouvidos. Errar, aprender, mudar de ideia. Transformar e ser transformados na convivência com pessoas que foram socializadas de modo diferente do nosso e viveram experiências distintas das nossas. Observe como o consumismo e o viver mediado por imagens fermentam quando acrescidos à lógica da pressa e do imediatismo.

É comum que nossas pressas se alastrem para uma falta de cuidado e que o excesso de informação descambe para o uso de filtros muito rasos e pouco generosos. Quão frequentemente a pressa abre espaço para a indiferença ou mesmo para a brutalidade? A insensibilidade pode ser uma das facetas do excesso de velocidade: não enxergamos as necessidades do outro porque estamos correndo, não olhamos nos olhos porque estamos atrasados, não agradecemos porque estamos com a cabeça no próximo compromisso, não acolhemos uma pessoa que poderíamos acolher porque estamos atrapalhados com mil coisas ao mesmo tempo. Esse último exemplo me lembra do monólogo *A lista*, da escritora canadense Jennifer Tremblay, em que a personagem, vivida no teatro por Clarice Niskier, acaba prejudicando gravemente uma amiga porque não consegue interromper sua interminável lista de pressas e afazeres.

Em *Humano, demasiado humano*, publicado em 1878, Nietzsche escreve: "Por falta de tranquilidade, nossa civilização se transforma numa nova barbárie. Em nenhum outro tempo os ativos, isto é, os intranquilos, valeram tanto. Logo, entre as correções que necessitamos fazer no caráter da humanidade está fortalecer em grande medida o elemento contemplativo. Mas desde já o indivíduo que é tranquilo e constante de cabeça e de coração tem o direito de acreditar que possui não apenas um bom temperamento, mas uma virtude de utilidade geral, e que, ao preservar essa virtude, está mesmo realizando uma tarefa superior". Portanto, no século XIX, o filósofo apontava a necessidade de sermos mais contemplativos e menos intranquilos. Daí, vale nos perguntar: qual o espaço que a contemplação e a tranquilidade têm hoje em nossa vida, em nosso estar no mundo?

Como escrevi na página 34, acredito na verdade como um brotamento interior, e não como mais um imperativo na enxurrada de narrativas externas ao nosso *si mesmo*. Dito isso, meu convite é, mais uma vez, para que olhemos para dentro de nós e experimentemos. Observemos que desdobramentos se dão em nossa vida, nas nossas relações, no nosso estar no mundo quando nos abrimos, por exemplo, para mais pausas e silêncios, menos pressas e generalizações, mais tranquilidade, qualidade de presença e atenção. *Experimentemos* o que acontece. Percebamos como fica nossa relação com nosso *si mesmo* e como ficam nossos vazios existenciais, nossas angústias e raivas sem nome, nossa falta de conexão com o mundo.

— • —

Vivemos, sabemos bem disso, em uma sociedade altamente distrativa. Luzes, sons, tarefas, apitos de celular, coisas para fazer o tempo todo nos lançam para fora de nós, para longe do nosso *si mesmo*, e viramos um bando de excêntricos —

no sentido de fora do nosso centro. Não à toa a concentração virou um estado tão valorizado. Conseguir se libertar do estilo de vida frenético, das redes sociais viciantes, do excesso, enfim, de estímulos, e estacionar o foco no aqui e agora tornou-se mesmo digno de nota. Vejo a atenção como uma espécie de alegria. Se estou atenta ao que estou fazendo, estou alegre, esteja eu escrevendo, caminhando, observando a chuva, lendo ou conversando com alguém. Como sentir uma alegria vinda daquela união entre mim e o que estou fazendo, como sentir a existência acompanhada, se estou desatento? Aqui, entendo alegria não como uma euforia, mas como uma sensação conciliatória com a existência; uma espécie de serenidade. No limite, talvez a única coisa de fato mundana que interrompa esse fluxo sereno seja a dor física — tão pouco considerada pela filosofia ocidental, como nos lembram o autor chinês Lin Yutang e o escritor e dramaturgo polonês Witold Gombrowicz. A concretude da dor, assim como da doença, da fome ou de qualquer mal-estar que acomete o corpo, faz parte de estar no mundo e experimentá-lo corporalmente — não são criadas por pseudodesejos frustrados de quem mal está enxergando o mundo e a si mesmo.

Certa vez, alguém comentou comigo que não havia gostado de um livro que adoro. Perguntei: "O que você achou daquela parte em que acontece isso e isso?". A resposta: "Não lembro dessa parte". "E o jeito como o autor falou daquilo e daquilo?" "Não lembro." Quando não prestamos atenção em uma leitura ou em qualquer outra atividade, além de não retermos aquilo dentro de nós (quantas vezes falamos que nossa memória é ruim quando, na verdade, o problema é que não prestamos atenção?), não conseguimos *gostar* da atividade. Não podemos nem desgostar: como vamos falar que achamos ruim um filme em que não prestamos atenção? É esse gostar e esse desgostar que estou chamando de afeto. Primeiro, prestamos atenção. Depois, gostamos ou não gostamos — e retemos na memória e, por que não, no corpo. No entanto, estamos constantemente dizendo que "gostamos" ou "desgostamos" das coisas sem ter prestado atenção nelas, sem ter sequer olhado verdadeiramente para elas, o que é outra maneira de dizer que estamos constantemente classificando as experiências entre boas e más sem ter sequer se aberto para as experiências (você se lembra do exemplo do brigadeiro?).

O ato de se abrir às experiências, ou simplesmente enxergar verdadeiramente o mundo, passa por entregar-se, e a entrega necessita dessa presença e dessa atenção de que estamos falando neste capítulo. Um estar no mundo com atenção não é um estar no mundo enevoado: *é* um modo de existir muito mais rico, mais profundo, do que uma sucessão de experiências que não foram exatamente experienciadas, já que estávamos desatentos e desatentas. Como sentir a vida interessante ou, mais do que isso, pulsante; como experimentar o vivo da vida se estamos desatentos? A partir da atenção, nos abrimos para o mundo — e nos sentimos envolvidos com ele e por ele.

Lembro-me de quando um amigo disse que estava muito feliz por conseguir ter deixado o celular desligado durante as duas horas do filme no cinema. "Estava realmente interessado no filme", ele me disse. Não raro, ficamos orgulhosos de nós mesmos quando conseguimos sustentar um estado de atenção pelo que consideramos muito tempo. E, por isso, admiramos quem consegue fazer isso e estar presente. Pessoas que, durante uma conversa, olham nos olhos e escutam de fato o que você está dizendo; pessoas que, independentemente de postarem ou não fotos de si mesmas fazendo ioga ou tocando violão, *realmente* se dedicam à ioga e *realmente* se empenham em se aperfeiçoar no violão. Elas se dedicam mesmo, por horas inteiras, realizando aquela atividade no mundo. Por pura alegria, por pura pulsão de vida, e não para ganhar dinheiro, ou aumentar a popularidade, ou atingir qualquer espécie de meta extrínseca à delícia daquela atividade, ainda que eventualmente a alcancem.

Repare: o *pura pulsão de vida*, o *realmente se dedicar*: tudo isso passa por atenção. Gosto muito desta frase do filósofo francês Montesquieu: "Um homem não é infeliz porque tem ambições, mas porque elas o devoram". A megalomania recorrente em relação ao que fazemos é um traço que denuncia nossa falta de atenção.

Colocamos nossa concentração não nas coisas do mundo, mas nas nossas fantasias. Essas fantasias costumam ser grandes. Não basta publicar o que pensamos na rede social, o *post* tem que ter milhares de curtidas. Não basta escrever a história que temos na cabeça, precisamos que ela seja publicada, traduzida em trinta idiomas e vire filme. Assim, vamos nos engessando, nos privando de vivenciar as coisas, porque estamos muito preocupados e preocupadas com o impacto que elas terão, o impacto que decidimos que precisam ter.

Dedicação requer amor. E amor só respira bem em corpos atentos.

Parte 3

MUROS E CARÊNCIAS

1. Adequações e escolhas

Aprendemos desde cedo a fazer certas coisas para nos sentirmos incluídos no mundo. Quando nascemos, encontramos um mundo já habitado, e vamos percebendo como as pessoas ao nosso redor vivem a vida e as imitamos: o que falam e também o que valorizam, como veem as coisas, o que entendemos que esperam de nós. Crescemos e assimilamos que precisamos fazer cada vez *mais* coisas para nos sentir amados, queridos, aprovados. Imagine a quantidade de coisas que precisamos fazer hoje, numa cultura que valoriza a aparência, a "boa performance" e a perfeição. Na construção do nosso eu (ou dos nossos eus), nos esmeramos em esconder aquilo que entendemos como nossas falhas. Queremos sentir que somos admirados, impressionar os outros, mostrar que somos legais, que sabemos das coisas — queremos que o mundo lá fora nos diga que temos "valor". Isso nos dá a sensação de pertencer aos círculos que valorizamos.

Ficamos entre obedecer nossos pais e desobedecê-los para agirmos em consonância com quem somos. Entre o desejo de atender às expectativas lá de fora e o desejo de nos orientar por nosso espaço de autenticidade aqui dentro. Entre nossas forças reativas e ativas, para usar o vocabulário de Nietzsche. Para o filósofo, as forças ativas são dotadas do poder de criar e, por isso, superiores às reativas, que visam à adaptação e à conservação do indivíduo. Pense em quando você reage a algo, seja por escolha, seja por instinto: você reagiu porque o outro agiu; ele fez algo e então você respondeu, mas o protagonista da situação, digamos, foi o outro: sua ação ocorreu em decorrência da dele. Podemos reagir a situações que nos colocam em perigo e, assim, nos preservar — a reação não deixa de ser uma força. Mas como seria construir uma existência na chave da reação, um modo de ser em que a força predominante é a reativa, digamos assim? Qual seria a nossa potência, nosso nível de liberdade, de força vital? Não viveríamos uma vida baseada em nossos desejos genuínos: confundidos com a reatividade, substituiríamos o se expressar pelo responder; ficaríamos confinados na raiva e no ressentimento em relação a tudo que entendemos que nos faz mal, e nos

> "Se te pertenço me perco de mim/ Se te pertenço perco a luz e o nome/ E a nitidez do olhar de todos os começos:/ O que me parecia um desenho no eterno/ Se te pertenço é um acorde no silêncio."
>
> Hilda Hilst, "Via espessa" (em *Da poesia*)

perderíamos de quem somos, porque estaríamos vivendo para reagir ao outro. O outro me fez isso? Então eu faço aquilo. O outro me vê assim? Ah, então vou agir assado. E por aí vai.

Não sabemos definir nosso *si mesmo*, mas sabemos que ele está lá e que o distanciamento entre nós e ele é angustiante. Não é à toa que a palavra "educação" vem do latim *educare*, que significa "guiar para fora". Ao sermos educados, somos conduzidos para o exterior, para o modo como as coisas funcionam. No processo de socialização, vamos, de certa maneira, nos distanciando de quem somos, no sentido de ficarmos ocupados demais tentando ser quem entendemos que devemos ser para que os outros nos aprovem e para que, por meio dessa aprovação, nós mesmos nos aprovemos.

Certa vez, em um grupo de leitura, ouvi uma psicanalista dizendo que o fato de os pais darem um nome ao filho já consiste em uma violência — afinal, não foi o filho que escolheu o nome; o nome lhe foi imposto. Discordo. Entender que *toda* exterioridade, que *todo* o processo de socialização do indivíduo se dá na chave da violência é entender o mundo como um lugar hostil, ameaçador. É ficar preso na crise alérgica de quem mal está enxergando o mundo.

> "Nunca tive a sensação de ser eu mesma, e de ser amada por isso."
>
> Lucia Berlin,
> "Querida Conchi"
> (em *Manual da faxineira*)

Aos trancos e barrancos, digamos assim, vamos nos constituindo a partir de nossa existência acompanhada: desde o útero, não existimos sem o outro. O encontro com o outro é um visitar e ser visitado que podemos entender ora como violento, assustado, ora como afetuoso, lírico, e vamos nos constituindo a partir desses encontros, dessa mistura. Uma dança de entranhamento e estranhamento, como escrevi anteriormente. A questão que coloco aqui neste capítulo vai ao encontro da que perpassa o livro todo: neste viver acompanhado, o que é meu? Como expandir minha possibilidade de escolha neste recanto interior, como ter nas minhas ações, escolhas e gestos expressões do meu *si mesmo*, disto que está além da palavra, mas que posso sentir e que pode me guiar pelo mundo, e não apenas pela minha espiral mental, aquele redemoinho dentro de minha mente que me suga mais e mais para labirintos confusos e distantes do mundo? Como nos aproximar dessa espécie de sabedoria que atravessa nosso corpo e ultrapassa nossa capacidade analítica, dessa espécie de sonar que nos liberta de sermos um autômato, um prisioneiro das narrativas externas, e nos transforma em um ente animado?

Em *O segredo da flor de ouro*, C.G. Jung e R. Wilhelm colocam a questão da seguinte forma: "O Encontro da consciência individual, estreitamente delimitada, mas de intensa clareza, com a tremenda extensão do inconsciente coletivo representa um perigo, pois o inconsciente tem um efeito dissolvente sobre a consciência". Que narrativas, que ensinamentos, que "vozes lá de fora" têm se imposto sobre a força de sua consciência individual? Na montagem dos seus eus pela vida afora, quais narrativas têm enfraquecido seu *si mesmo* e quais o têm nutrido?

Quando há paixão, e quando há o impacto da presença? Quando há projeção do outro, e quando há brilho e ressonância do outro no nosso interior?

Crescemos caminhando sobre uma esteira de expectativas, anseios, crenças, modelos e "certezas" dos outros.

Recuperar nossa capacidade de enxergar o mundo passa por nos questionar sobre as "certezas" que nos foram e são ensinadas, as "certezas" que entendemos que são "nossas". Sempre olharemos o mundo por meio de lentes. E podemos nos empenhar em desenvolver lentes de melhor qualidade — e mais leves e fininhas.

Por exemplo, vivemos o amor como achamos que ele deve ser — e esse "deve ser" veio de como aprendemos que o amor deve ser. Podemos ter aprendido que o amor traz sofrimento. Podemos ter aprendido que precisamos ter medo, muito medo do amor. Uma vez que estamos ocupados e ocupadas com nossa pressa, nossa lista de tarefas, nossas frustrações e expectativas sem fim, não paramos para pensar sobre essas coisas.

Como você aprendeu que o amor deve ser, como aprendeu o que você deve ser, o que o trabalho deve ser, o que a vida deve ser? Quantas vezes vamos apenas reproduzindo esses nossos "achismos", e o pior: não os entendendo como "achismos", e sim como certezas. Este é um grande empecilho para ver o mundo: confundir nossos "achismos" com certezas.

> "Ela odiava a palavra amor. Falava essa palavra do mesmo jeito que as pessoas dizem puta. Dizia que os papas tinham espalhado o boato de que o amor faz as pessoas felizes. 'O amor deixa você infeliz', nossa mãe dizia."
>
> **Lucia Berlin, "Mamãe"** (em *Manual da faxineira*)

Sobre isso, eu me lembro de um episódio ocorrido na minha infância. No prédio onde eu morava, dava para ouvir perfeitamente os vizinhos quando eu estava na cozinha e eles na sala. Em uma tarde, ouvi a vizinha falando para o filho, na época com uns 4 ou 5 anos, que o losango não tinha os quatro lados iguais. Recordo minha aflição ao ouvi-la explicando didaticamente que o menino tinha desenhado errado o losango pedido na lição de casa: "Se tem quatro lados iguais, é quadrado, filho". "Mas a professora falou que os lados do losango também são iguais", ele insistiu. "Não são, você deve ter ouvido errado." Ela estava tão convicta de algo que, eu sabia, não estava correto! De qualquer modo, o tamanho dos lados do losango é facilmente conferível pelo Google. Mas e quando se trata de "certezas" mais complexas?

— • —

Acaso é o nome que se dá não àquilo que não tem lógica, mas àquilo cuja lógica desconhecemos. Nossa compreensão do mundo é limitada: vemos a partir do lugar que ocupamos como indivíduo e como espécie. Como já falamos, nós, humanos, conhecemos o mundo que é cognoscível para humanos. A vida é atravessada por um mistério que não é compreendido: é um mistério a ser vivido.

Temos, cada um de nós, indivíduos, um ponto de vista. Mas há um mundo a ser visto a partir do nosso ponto de vista, lembre-se. Nosso ponto de vista pode ser mais abrangente? Mais livre de preconceitos? Mais sábio? Mais, digamos, baseado em fatos do que em *fake news*? Trabalhar isso, de novo, é trabalhar a qualidade da lente, o material do qual ela é feita. E podemos ter consciência de que nosso ponto de vista, por melhor que seja, sempre será um ponto de vista, e não uma câmera instalada no meio do universo que tudo vê. Trabalhar isso é diminuir a espessura da lente, deixando-a mais leve e fininha. Com lentes assim, vemos o mundo com mais clareza.

Lembremos: não é porque não conseguimos ver algo que significa que esse algo não exista. É como um cubo: se estamos vendo apenas uma face, não é por isso que as outras cinco deixam de existir. Lembremos disso quando nos sentirmos muito decepcionados em relação a alguma coisa ou alguém: a decepção profunda como que nubla nossa recordação de que existem outros lados do cubo. Lembremos disso quando estivermos com uma convicção forte demais em relação à nossa vida ou à vida dos outros. Fechemos os olhos, lavemos o rosto, façamos um pouco de silêncio e algumas respirações profundas.

O simples fato de nos lembrar de que não sabemos como tudo funciona e de que não conhecemos todas as razões que nos levam a fazer as coisas que fazemos, do jeito que fazemos, abre em nós uma postura interessante de humildade perante aos outros e à vida. Ficamos menos arrogantes e mais interessantes, mais sábios. Perdemos pelo menos um pouco da necessidade de convencer os outros de que estamos certos e também uma boa dose de frustração quando as coisas não acontecem "do nosso jeito". Temos mesmo tanta certeza assim de que "o nosso jeito" é melhor? Cada um de nós pode fazer o simples exercício de olhar para a própria jornada e perceber momentos em que estávamos certos de que algo era o melhor para a gente, esse algo não aconteceu, ficamos muito desapontados e, no entanto, tempos depois nos demos conta de que *foi melhor* não ter acontecido do nosso jeito. Ou de que apenas *foi*: ficou para trás, seguimos em frente. Todos já passamos por eventos assim, certo?

Lembremos também que fazemos parte de uma rede acompanhada e acompanhante. Há outros envolvidos nas situações que nos dizem respeito. Não estamos sozinhos em nossos desejos, sonhos, ambições e nos desdobramentos de nossas ações. Há, afinal, um mundo. Geralmente, quando estamos muito chateados porque algo não saiu do nosso jeito, esquecemos esse "detalhe". E nos afundamos com tudo na nossa espiral mental.

Há uma força na vida maior do que a "microcâmera" instalada aqui dentro de cada um e cada uma de nós. Não precisamos compreender isso racionalmente para viver com abertura para aquilo que desconhecemos agora e aquilo que desconheceremos sempre. E nos dar conta disso — experimente! — nos enche com uma espécie de relaxamento desinteressado. Tomamos decisões, fazemos coisas, atuamos no mundo, mas não ficamos tão desesperados quando as coisas saem de modo diferente do que esperávamos.

Em vez de jogar as expectativas lá em cima, experimentemos cultivar a postura de estar aberto para o que acontece. É algo próximo ao que pregavam os filósofos estoicos, na Grécia Antiga. Em vez de simplesmente aceitar o que aconteceu, eles aconselhavam a realmente *apreciar* o que aconteceu — seja lá o que for. É uma proposta que lembra o amor fati de Nietzsche: amor ao fado, amor ao destino. Amor à vida que é, e não à vida que, na nossa cabeça, deveria ser.

"Mas isso não é ser apático?", alguém pode perguntar. "Isso não é ser resignado?" É muito distante disso, eu responderia. Estamos tão habituados a querer controlar tudo que, quando falamos em soltar, parece que estamos falando de passividade. Mas estamos falando de estar no mundo, e nada mais ativo do que isto: agir de acordo com o que acontece neste mundo, em vez de teimar em negar este mundo. Gostemos do que acontece ou não, acontece. Aprovemos ou não nossas escolhas passadas, elas já foram feitas. Reconhecer a aparição do mundo e então agir nele, desfrutando, sendo e buscando transformar aquilo que entendemos que deve ser transformado: é disso que se trata, e isso envolve ser ativo, atento e consciente.

O trecho ao lado ilustra bem o que acontece quando nosso ser é tomado por "impulsos receosos", ou simplesmente pelo medo: perdemos a liberdade da vontade. Achamos que queremos algo, quando, na verdade, esse querer tem raízes profundas dentro de nós que nos tiram a liberdade de querer outra coisa. O medo é um sequestrador experiente do nosso *si mesmo*, e por isso gosto tanto desse trecho de *O retrato de Dorian Gray*.

"Há momentos, dizem-nos os psicólogos, quando a paixão pelo pecado, ou por aquilo que o mundo chama de pecado, domina de tal maneira uma personalidade, que toda fibra do corpo, e toda célula do cérebro, parece ser instinto com impulsos receosos. Nestes momentos, homens e mulheres perdem a liberdade da vontade. Como autômatos, dirigem-se ao fato terrível. A escolhas é-lhes subtraída, e a consciência, morta, ou então, se conseguir viver, vive apenas para dar fascínio à revolta, e encanto à desobediência."

Oscar Wilde,
O retrato de Dorian Gray

Entendo que, quanto mais encharcado de medo se está, mais aprisionadas serão nossas escolhas, mais enevoado estará o mundo no nosso campo de visão, e mais distantes de nós mesmos habitaremos esse mundo enevoado.

Desconhecemos muitas das sombras, tormentas e escravidões que tomam conta de nosso interior. Quanta coisa nos molda, quantas forças regem nossas atitudes e escolhas sem que nos demos conta! E, muitas vezes, somos tragados por essas sombras, identificamo-nos com elas como sendo boas conselheiras, como sendo jeitos "sábios" de viver: nos apaixonamos por elas, como no trecho de Oscar Wilde, muitas vezes sem nos dar conta disso. Vamos sendo conduzidos por essas sombras, que o autor denomina de "aquilo que o mundo chama de pecado".

— • —

Que sombras têm estado por trás de nossas escolhas? Nossas escolhas têm enfraquecido ou fortalecido nossa vontade de ser e de estar no mundo? Suponhamos que, pela nossa mente, ao longo do dia, passeiam pensamentos de diferentes tipos. Que pensamentos amplificam nossa vontade de existir e que pensamentos a esvaziam?

Se os pensamentos fazem parte das nossas vias de acesso ao mundo, por assim dizer, é de muita valia prestarmos mais atenção no que se passa na nossa mente. Não é preciso lutar com os próprios pensamentos. Podemos ir ganhando cada vez mais intimidade com o que se passa, todos os dias, aqui dentro e percebendo que pensamentos e atitudes estão nos afastando da convivência com os outros, com o mundo e conosco mesmos.

Sentir medo, raiva, tristeza, frio na barriga, insegurança, desconforto existencial: tudo isso faz parte de ser humano e estar no mundo. Mas ser tragado pelo medo, pela raiva, pela ansiedade... Ser escravizado pela autocobrança, pela culpa e pelo sofrimento quando as coisas não acontecem do "nosso jeito"... Talvez isso não faça parte de estar no mundo, e sim de tentar carregar o mundo nas costas, mal enxergando que mundo é esse. Que pretensão a nossa achar que somos capazes de carregar o mundo nas costas enquanto mal enxergamos onde pisamos.

> "O ódio é como uma sombra longa e escura. Normalmente nem a própria pessoa sabe de onde ele vem."
>
> Haruki Murakami, *Crônica do pássaro de corda*

Sentir medo é diferente de ser tragado pelo medo. Sentir raiva é diferente de ser controlado pela raiva. Experimentar momentos de dor, ainda que de dor intensa, é diferente de guiar as ações pela dor. Viver em sociedade, cercado pelos olhares dos outros, é diferente de ser escravizado pelo olhar dos outros. Passar por momentos de carência é diferente de agir movido pela carência. Gostar de agradar e de se sentir aceito é diferente de precisar agradar e se sentir aceito para se relacionar. Gostar de receber elogios é diferente de depender de elogios para sentir que tem valor.

Nem sempre temos consciência do que está nos controlando e com que intensidade. Respiremos fundo, respiremos fundo várias vezes, e olhemos para dentro e ao redor com honestidade e disposição para viver de modo mais livre. Para viver no mundo.

Concordar em ser controlado pela raiva, pela necessidade de agradar, pela carência, pelo ressentimento, tudo isso é ser tragado por forças que nos atiram para a passividade, tudo isso é ser lançado para longe de *si mesmo* e para fora do mundo. Viver na chave egocêntrica do drama é viver longe de *si mesmo* e fora do mundo. É estar escravizado pela espiral mental.

De novo, e mais uma vez: experienciar dor, tristeza, insegurança, ciúme faz parte de estar vivo, de ser humano e de estar no mundo. Em uma sociedade que nos estimula o tempo todo a buscar o prazer, muitas vezes nos esquecemos disso. Visitamos o outro e somos visitados por ele, encontramos e somos encontrados, e muitos encontros serão difíceis e não acabarão bem. Fugir desse *fato*, fugir da dor mundana, é fugir do mundo. E causa mais dor, essa de outro tipo — a dor insistente e intoxicante como sintoma de um apagamento do mundo.

> "Deixe esse novo amor chegar/ Mesmo que depois seja imprescindível chorar."
>
> João Gilberto, "Caminhos cruzados"

Sintamos a dor, quando ela vem. Sintamos a dor como quem sente o frio, o calor, a chuva, como quem sente a complexidade do humano que é. Sintamos quando os veículos do mundo vêm pela contramão e batem frontalmente no nosso desejo, quando fazem sofrer aqueles que amamos ou os levam para longe de nós, quando somos tomados por perguntas que não sabemos responder, por desejo de voltar no tempo, por inquietação pelo que está por vir; levantemos as mãos para o céu perguntando por que às vezes desfrutar a existência parece impossível, por que tantas vezes não sabemos o que fazer e nos sentimos desamparados... E então atravessemos a espiral mental e nos libertemos dela. E sigamos em frente. De volta ao mundo.

2. Medo e controle

O trecho a seguir me marcou muito. Ele pertence a uma matéria publicada na agência de notícias Fapesp[1]. Lia Vainer Shucman é o nome da pesquisadora que estava entrevistando uma jovem:

> A jovem relatou que "soube que era negra desde pequena", devido às violências que sofria por parte da mãe [branca, empregada doméstica, de olhos azuis]. Quando brigava com ela, a mãe a chamava de "macaca" e "preta fedida". Dizia que seu cabelo era "ruim" como o do seu pai e batia nela quando chorava ao ser penteada. "Eu olhava para o meu pai, e aquele homem, que tinha uma identidade negra extremamente negativa, se colocava como inferior mesmo", contou a entrevistada. Na interpretação de Schucman, essa mãe, uma mulher pobre, ignorante, humilhada, com a autoestima muito baixa, usava sua "branquitude" como único valor e instrumento de poder. "Seu racismo [...] era um racismo

---

[1] Arantes, José Tadeu. Pesquisa investiga marcas de racismo em "famílias inter-raciais". Disponível em: <http://agencia.fapesp.br/pesquisa-investiga-marcas-do-racismo-em--familias-inter-raciais/25364/>. Acesso em 27 de maio de 2019.

cruel, violento, em um contexto de extrema pobreza. [...] A 'branquitude' foi a única coisa que lhe restou e ela a usava de maneira muito tosca, muito básica".

Esse trecho me deu muito o que pensar. Refleti tanto sobre quem maltrata alguém para se sentir melhor, assim como essa mãe maltratava a filha, como sobre quem sofre com os maus-tratos do outro. Uma pessoa que foi tão diminuída pela própria mãe, tendo como pretexto a cor do corpo, para conseguir ser mais protagonista em seu estar no mundo, precisará atravessar camadas e camadas de dor, raiva, ressentimento, e, além disso, precisará ser capaz de se enxergar de um jeito diferente daquele a que foi condicionada a se enxergar. Se alguém, ou um grupo, nos faz acreditar profundamente que somos fracos, impotentes, inferiores aos outros, há que se ter muita força interior para nos desvencilhar disso, para nos pensar fora desse condicionamento.

É um dos motivos pelos quais admiro tanto o pensamento da escritora Carolina Maria de Jesus. Negra e moradora de uma favela, ela poderia se sentir despotencializada, descrente de si mesma e serva do olhar dos outros sobre ela, que a viam como "preta, pobre, suja". Em vez disso, escreveu nos seus diários que, se houvesse outras encarnações, gostaria de voltar sempre preta. O discurso e as práticas ao seu redor faziam de tudo para que ela acreditasse que seu cabelo era feio; ela dizia que o cabelo do negro era melhor que o do branco, que se desarrumava com o mínimo vento, enquanto o cabelo do negro era "bem-educado: onde você punha, ficava". Só com acesso à nossa força interior para conseguir nos pensar fora do que nos foi reiteradamente inculcado por discursos tão desvitalizantes.

Quanto de sua força foi minada por conta dos ensinamentos sobre quem você tinha que ser e sobre quem você não podia ser? Quanto de sua liberdade de ser ficou comprometida com imperativos internalizados?

Certa vez, há muitos anos, no corredor do prédio onde eu trabalhava, cruzei com uma faxineira que costumava ser bem sorridente. Vira e mexe, conversávamos. Naquele dia, porém, ela passou cabisbaixa com o balde e o rodo. Perguntei o que havia acontecido e ela me confidenciou: tinha descoberto que seu filho contava para os coleguinhas que ela trabalhava como secretária em uma empresa. Ele tinha vergonha de ter uma mãe faxineira. Fiquei um pouco sem saber o que dizer, mas acabei tendo uma luz, chamei-a de canto e perguntei:

— Você acredita nisso?

— No quê?

— Que você vale menos por ser faxineira. Digo, você sabe que sua profissão não é muito valorizada. Que muitas pessoas pensam que você é inferior a quem trabalha com coisas consideradas "importantes". Por isso seu filho age assim. Ele está acreditando nessa história. Mas você acredita nisso? Que você é inferior? Que você vale menos do que as outras pessoas?

— Acho que não... Não, eu não acredito nisso. Não tem nada de errado com o trabalho que eu faço.

— Ótimo. Continue não acreditando, por mais que todo dia alguém tente convencê-la do contrário. E converse com seu filho, fale que estão tentando convencê-lo também. E que ele não pode acreditar nisso.

Mais uma vez: há como participarmos do sistema (ou como vivermos em sociedade) sem que o sistema entre em nós? Ao mesmo tempo, pergunto agora: o que podemos fazer, cada um e cada uma de nós, não só para não ser invadido internamente pelo sistema (a maneira como a sociedade funciona), mas para transformar criativamente, cada um ao seu modo, o seu olhar e as ações que se desdobrarão desse olhar?

Não que seja uma empreitada fácil. A existência acompanhada, muitas vezes, é pautada mais pela hostilidade e pelo autoritarismo do que pelo cuidado com os outros, com nossos vizinhos de mundo. Lançados a quilômetros do nosso *si mesmo*, muitos e muitas de nós se identificam com um eu opressor, que se compraz em machucar os outros, ou com um eu oprimido que concorda com a opressão, ou que fica preso numa ótica reativa, não conseguindo acessar forças ativas dentro de si. Este sabe o que não quer, e luta bravamente contra isso, mas sabe o que quer?

Presos na nossa espiral mental, mal conseguimos enxergar o mundo e as pessoas, quanto mais fazer escolhas livres.

> "Tente não ocupar sua vida em odiar e ter medo."
> Stendhal, *Lucien Leuwen*

Não se fazem escolhas livres na névoa, na neblina. "Ah, eu fiz isso porque quis" ou "porque segui meu coração". Será mesmo? Muitas vezes, temos certeza de que queremos algo "de verdade" quando só achamos que queremos. Se achamos que só seremos felizes quando comprarmos determinado carro, ou quando atingirmos certo peso ou fizermos certa viagem, ou quando tivermos filho, ou quando nosso filho fizer 18 anos, até que ponto somos livres para viver assim, aqui, agora? Se escolhemos o que vamos postar nas redes sociais com base nos aplausos, até que ponto postamos o que queremos? (E, mais do que isso, até que ponto temos conhecimento do que *nos* apetece postar, uma vez que o que nos apetece são os aplausos, ou seja, uma métrica externa?) Quando nosso querer é determinado por reproduções acríticas dos nossos aprendizados, por nossa ânsia de aprovação, por nossa ânsia de "afeto", por nossas carências e medos mais enraizados, por nossa pressa de nos defender ou necessidade de atacar, até que ponto nosso querer é livre?

Se você acumula relacionamentos infelizes por medo de ficar sozinha/sozinho, até que ponto seu desejo por determinados parceiras/parceiros e seu comportamento nessas relações são baseados em escolhas livres? Se morre de medo de perder sua parceira ou parceiro, se teme que as coisas "deem errado no futuro", até que ponto está livre para desfrutar os momentos a dois, para amar e ser amado neste relacionamento agora? Se está o tempo todo preocupado em impressionar os outros e mostrar que você é legal, até que ponto sua interação com os outros é livre? Se, sozinho em casa, você está bem, e de repente começa a ficar angustiado por coisas ruins que não estão acontecendo, mas que você está imaginando, e então sente um aperto no peito e começa a chorar, ou a ficar com vontade de sair correndo, até que ponto seus pensamentos podem ser livres? Se você tem raiva de mulheres ou de homens porque aprendeu lá atrás — ainda que não tenha se dado conta de que aprendeu —, que o "certo" é ter medo e raiva de mulheres, ou de que é "verdade" que os homens não prestam, como suas relações com essa mulher com quem você está agora, com esse homem, serão livres? Se você fica com múltiplos parceiros porque, a cada um, você experimenta uma massagem no ego e precisa disso para dar valor a si mesmo, até que ponto você fica com múltiplos parceiros porque tem uma vida "livre"? Se não fica com alguém porque morre de medo de ser rejeitado, até que ponto essa "opção" pela solidão é mesmo uma opção? Se morre de medo de não agradar, se teme ser rejeitado, até que ponto é livre para falar o que quer ou, até mesmo, saber o que quer? Se está com raiva da vida porque ela não lhe oferece as situações que você quer, até que ponto está livre para desfrutar as situações que estão disponíveis agora? Se está sempre desconfiando dos outros, na defensiva em relação às pessoas que conhece, até que ponto está livre para se relacionar? Se você precisa machucar uma pessoa para se sentir bem, até que ponto está livre para amá-la ou então para amar quem quer que seja? Se aprendeu a morrer de medo do mundo, se aprendeu que as pessoas são todas umas interesseiras, se aprendeu a se achar inferior e morrer de medo de que não gostem de você, até que ponto suas experiências neste mundo e com as pessoas que nele habitam serão livres? Se morre de medo da morte, até que ponto sua vida é livre?

Nem tudo o que se passa na nossa mente está comprometido com as coisas do mundo, com as pessoas e com nós mesmos. Lembremos: não estamos vendo tudo. Não estamos vendo "a vida", estamos vendo a vida "como ela é vista por nós", estamos vendo a vida a partir da nossa cabeça — uma cabeça que está longe de ser livre. E lembremos: não necessariamente concordamos com tudo o que nos foi ensinado, com tudo o que aprendemos que é "normal". Nossas escolhas sempre serão inscritas na linguagem, no tempo, nas circunstâncias, nos limites do nosso ponto de vista, para não falar nas barreiras concretas do mundo. Mas, quando enxergarmos bem o mundo, faremos escolhas conscientes, no sentido de serem escolhas que expressam quem nós somos, e não aquilo de que somos escravos. Sentiremos nossa força vital, nossa liberdade de agir.

Como nos colocamos diante do outro e da vida? O que fazemos para nos sentir mais "poderosos" ou menos sozinhos? Quem e como somos ao nos relacionar com as pessoas no trabalho, na família, na vida amorosa, com estranhos na rua? Precisamos estar sempre "por cima" das pessoas para sentirmos que temos "valor"? Precisamos estar sempre "por baixo" para sentir que somos amados? Nós nos comparamos muito? Competimos muito? Nós nos esforçamos muito para agradar ou para sentir que "pertencemos" a algum lugar? Dependemos de elogios e da aprovação alheia para nos sentirmos bem conosco mesmo? Ou dependemos de rebaixar os outros, de sermos temidos?

Ficamos muito nervosos ou assustados quando algo não sai do nosso jeito? Sentimo-nos muito ameaçados?

Quando nos colocamos mais ou menos do mesmo modo diante das experiências, não estamos vendo as coisas, não estamos vendo o mundo, e, por isso, estamos empobrecendo, enfraquecendo as experiências.

> "O homem prudente
> leva consigo uma
> arma/ E cerra os
> ferrolhos da porta/
> Sem perceber
> outro espectro,/
> Mais íntimo e maior."
>
> **Emily Dickinson,**
> *Poemas escolhidos*

Quando estamos muito preocupados em nos defender do mundo, estamos muito mais na nossa mente do que no mundo. Assim, mesmo que nossa vida seja "agitada", mesmo que façamos "muitas coisas", mesmo que nosso dia seja "intenso", é como se estivéssemos repetindo sempre a mesma experiência chinfrim, porque estamos nos colocando do mesmo modo em relação às coisas do mundo. Se estamos muito reféns da nossa cabeça, não estamos conhecendo pessoas novas com toda a força do encontro, não estamos tendo conversas diferentes em toda a sua potência: estamos enxergando tudo mais ou menos. Estamos longe da variedade que existe no mundo e das possibilidades a serem desdobradas das experiências, porque estamos afastados da experiência, aqui dentro, presos na nossa cabeça.

— • —

Lembro minha sensação ao ler tragédias gregas pela primeira vez. Uma parte de mim sentia compaixão por aqueles personagens tão consumidos por desavenças, guerras, crises políticas, perseguições, tentativas de assassinato, mas outra parte admirava a coragem deles. Aquele mundo tão trágico lá fora, e eles seguiam vivendo, conversando, aproveitando a existência entre as lutas, em vez de serem corroídos pela iminência da próxima luta. Era como se tivessem a capacidade de atravessar o trágico, em vez de se desesperarem contornando ininterruptamente um trágico circular.

Quando começamos a nos defender tanto da experiência de estar vivos? Quando paramos de nos permitir sentir o lado ruim das experiências, as dores, as tristezas? Quando passamos a evitar tanto o que possa nos machucar, nos contrariar, nos assustar? Quando começamos a exigir da existência que ela seja macia, acolchoada, e a nos desesperar a cada vez que o chão do mundo se mostra áspero, cheio de pedregulhos? Quando passamos a ficar tão hipersensíveis e alérgicos? Somos agora como ostras que gritam quando um grão de areia ousa incomodá-las. Fazer uma pérola? Nem pensar. Guiados pela raiva e pelo medo, é como se recolhêssemos nossos pés a cada vez que a grama fria toca neles. Na ânsia de não sermos importunados pela força viva da existência, nós nos retiramos do mundo; no confinamento do medo da morte, perdemos à aderência ao vivo.

O medo causa uma série de distanciamentos entre nós e o mundo. Por causa do medo, vamos erguendo vários muros entre nós e fora de nós — às vezes, tão altos que nem vemos mais a paisagem lá fora. Costumamos ter necessidade de controlar as situações, as relações e nós mesmos porque temos muito medo, ainda que não tenhamos consciência de todos os medos que rondam nossa cabeça. Quanto mais tomados pelo medo, pior a qualidade das nossas lentes, menos

> "[...] as lojas do aeroporto ainda constituíam um espaço de vida nacional, mas de vida nacional acolchoada, enfraquecida, totalmente adaptada aos padrões do consumo mundial. Para o viajante em fim de linha, tratava-se de um espaço intermediário, ao mesmo tempo menos interessante e menos assustador que o resto do país. Eu tinha a intuição de que cada vez mais o conjunto do planeta iria se parecer com um aeroporto."
>
> Michel Houellebecq, *Plataforma*

nitidamente enxergamos o mundo. Vamos nos revestindo de camadas e camadas de medos imaginários, genéricos, que não se referem ao que estamos vendo ou experimentando; ao contrário, nos impedem de enxergar, de experimentar.

Vamos acumulando muitos medos ao longo da vida e nos defendendo de experiências que podem ser muito boas para nós — boas para além da sensação de agradável ou desagradável: boas porque são nossas, nos pertencem, nosso corpo chama e elas nos transformam. Algumas experiências doem, algumas não compreendemos, outras nos revoltam, mas elas são nossas, pertencem à nossa vida, e não a uma falsa vida ensimesmada e distante do mundo. O aprendizado e o crescimento pessoal que decorrem das experiências vividas no mundo dão talvez mais "sustância" à vida, mais agarramento à existência, mais sensação de preenchimento do que uma existência que se alterna entre o hedonismo e o receio.

Eu me lembro de um dia quando era adolescente e lia um gibi na sala. No título da historinha principal, anunciado na capa, havia a palavra "coragem". Passando por ali, meu pai me perguntou se eu sabia que a aquela palavra vinha do latim *cor*, que significa coração. "Viver com coragem", continuou ele, "é viver com o coração". Fiquei boquiaberta. Suspeitei que era aquilo o que eu procurava, sem saber que o fazia: viver a partir do meu coração, não no sentido de me guiar por minhas emoções tão oscilantes e nervosas (como quando alguém usa a palavra "coração" em oposição a "razão"), mas de me guiar pela conexão comigo mesma.

Sem coragem, não é possível habitar o mundo. Sem coragem, ficamos girando pela espiral mental, presos em uma série de armaduras que nos impedem de ver o que está diante dos nossos olhos. Essa armadura nos faz ver a todo momento os fantasmas do passado e do futuro, mas não o que está aqui, na nossa frente.

Falei anteriormente sobre como nosso ponto de vista é limitado como indivíduos e também como espécie. Como humanos que somos, não estamos vendo tudo. Qual a lógica que rege o acaso? Por que nascemos? Para onde vamos quando morremos? O que nos acontecerá no futuro? Para além da palavra "Deus" e de nossas ideias sobre ele, há um Deus? Como ele "funciona"? Não sabemos.

> "Coragem e covardia são um jogo que se joga a cada instante."
> Clarice Lispector, *A descoberta do mundo*

Não gosto de dogmas. Dogmas são aquelas "certezas" que não podemos questionar. Minha sugestão para quem também não quer se apoiar em dogmas é respirar fundo e ir, aos poucos, se acostumando com o seguinte: habitar o mundo passa por saber conviver com as incertezas. Reconciliar-se com a *soltura* que faz parte de estar vivo.

> "Abracei o tigre/
> Tomada de horror/
> E ele me lambeu."
> Sônia Carneiro Leão, *O olhar de Buda: haicais*

"Por que isso aconteceu comigo?", você poderá se perguntar, após uma experiência particularmente difícil. Faz parte de estar no mundo sentir dor, olhar-se no espelho e questionar o porquê dessa situação específica ou mesmo o porquê de tudo isso. Faz parte experimentarmos momentos de desalento após uma experiência que nos foi dolorosa. O simples fato de termos nascido pode, numa quarta-feira qualquer, nos causar um estranhamento. Isso faz parte da nossa condição. Não damos conta de tudo sempre.

E não precisamos compreender o porquê das situações para aceitar que elas nos aconteceram e então nos acalmar e seguir em frente. Assim como podemos aceitar que a dor faz parte de ser humano e de estar no mundo, podemos nos reconciliar com o mistério daquilo que não somos capazes de compreender.

Sua mãe sempre criticou muito você. Você foi muito magoada por um parceiro ou parceira. Houve um assalto na sua rua ontem. Se você se proteger demais, estará tão na defensiva que, em vez de conversar com sua mãe quando ela vier com mais uma crítica, gritará com ela. Em vez de conversar com seu parceiro, se vingará dele ou, quem sabe, desistirá de sair com quem quer que seja ou só terá relacionamentos superficiais. Nem vai dormir direito à noite, com medo de sofrer um assalto no dia seguinte.

O excesso de defesas é uma prisão que nos afasta do mundo. Arranca-nos da vida que está diante de nós. Descola nosso olhar do presente. Impede o florescer de nossas melhores ideias e de nossos pensamentos mais lúcidos. Distancia-nos das experiências que fariam muito sentido para nós.

> "Tem de ser um dos princípios por trás da realidade. Aceitar coisas que são difíceis de compreender, e deixá-las ser o que são."
> Haruki Murakami,
> *Minha querida Sputnik*

— • —

O medo pode vir camuflado por muitas emoções e atitudes. Estávamos com raiva, mas, no fundo, estávamos com medo. Fomos arrogantes, mas, no fundo, estávamos com medo. Alguns medos estão muito arraigados e bem disfarçados em cada um de nós.

O medo também pode vir disfarçado de fixações de toda espécie. Estou obcecado por essa pessoa muitas vezes significa: tenho medo de perdê-la. Quero tanto esse emprego, essa viagem, esse contrato pode significar: estou com medo de não conseguir, tenho medo de não ser bom o suficiente, tenho medo de não ter outra oportunidade como essa nunca mais na minha vida, tenho medo de que se isso não acontecer minha vida estará arruinada, tenho medo de ser rejeitado e achar que não tenho valor algum.

> "Você sussurra eu te amo, o que significa é não quero que me abandone."
>
> Rupi Kaur,
> *Outros jeitos de usar a boca*

Como na frase de Montesquieu que mencionei: "Um homem não é infeliz porque tem ambições, mas porque elas o devoram". Quando as nossas expectativas são muito "fortes", o "subtexto" da nossa mente costuma ser: "Isso fará muita diferença na minha vida, tenho certeza de que só vou ser feliz se conseguir isso. Tenho certeza de que isso é o melhor para mim. Vou ficar muito arrasado se isso der errado". Entendo esses pensamentos como um alerta de que estamos habitando mais nosso ponto de vista limitado do que o mundo real. Esses pensamentos nos afastam do mundo.

Estamos aqui no mundo para aprender lições? Nascemos para evoluir como indivíduos e como espécie? Não sei. Mas não precisamos ter uma resposta sobre-humana para isso. Podemos experimentar que tons nossa vida ganha quando nos dispomos a abraçar as nossas experiências em vez de negá-las. Podemos perceber como muda a distância de nós mesmos e do mundo quando isso acontece. Que efeitos se desdobram a partir dessa ação? Como minha conexão com a vida muda, como fica minha disposição para levantar da cama? O que observo no meu estado de espírito, na harmonia das minhas relações, na minha força vital, no que me acontece?

De novo: não temos certeza do que é melhor para nós. E, muitas vezes, só depois de algum tempo entendemos experiências que estamos vivendo hoje. Às vezes, nem entendemos. Lamentar muito o que "dá errado" na nossa vida, no sentido de ter saído diferente do que tínhamos em mente, é se afastar do mundo.

> "A vida se expande ou se encolhe de acordo com a nossa coragem."
>
> Anaïs Nin,
> *Diários de Anaïs Nin*,
> vol. 3

Com a prática da meditação, além de observar mais minhas "certezas", comecei a observar meus desconfortos mais intensos. Quando estava me sentindo muito frustrada. Muito contrariada. Muito ansiosa. Quando estava com muita raiva de alguém ou de algo. Quando estava sofrendo muito. Quando estava analisando muito determinado acontecimento. Estar muito apaixonado, muito eufórico, muito agitado, muito orgulhoso, muito exibido, muito apegado, muito ciumento, muito irritado: quando procuramos observar esse "muito" com algum distanciamento, com uma espécie de descolamento dele, de desidentificação, é mais fácil perceber se há algum medo embutido ali e se está nos governando — e nos afastando do mundo e de nós mesmos.

Parte final

O SI MESMO NO MUNDO

1. O encontro com o si mesmo

Fico pensando que o problema não é não saber o que é o *si mesmo*, mas agir como se soubesse. Identificar-se muito com esses eus inventados socialmente, achando que essas montagens correspondem perfeitamente a nós mesmos. Tomar as coisas em si da vida, entre elas o nosso *si mesmo*, como fenômenos que podemos agarrar completamente com "nossas mãos grossas, cheias de palavras", como escreve Clarice Lispector em *A paixão segundo G.H.*

    A vida não cabe em classificações. Ela é solta, ela é — e nós a classificamos, a separamos em categorias, a definimos para entendê-la. Eu e você, nós *somos* — e nós nos classificamos de várias formas para viver em sociedade. Confundir-nos com a maneira como vamos nos categorizando,

categorizando nossas relações, nossos sonhos e desejos — assim vamos nos perdendo de nós mesmos. Como, muitas vezes, nossas categorias são apressadas, desvitalizadas, confinadas em receios de toda espécie, nos perdemos para longe. O mundo fica distorcido, a vida comprimida em categorias muito achatadas, privada de sua exuberância e força.

O *si mesmo* é desconhecido — não é uma construção, é uma descoberta. "Seja você mesmo!" "Quem você vai ser hoje?" Esses imperativos que vemos em tantos discursos contemporâneos, ora implícitos, ora escancarados, não costumam nos guiar no sentido de uma autorrevelação, mas de uma construção rumo ao "sucesso" e outras narrativas que nos atiram para longe de nós mesmos porque consistem nisso, invenções, ficções que talvez sejam necessárias à permanente negociação com a vida que fazemos para habitar a sociedade tal como ela está estruturada, mas que nos confundem quando são por nós encaradas como verdades, quando são levadas muito a sério, quando entendemos que viver é nos confundir com elas e que a vida se resume aos papéis que desempenhamos e às demandas da nossa espiral mental.

O modo de viver distrativo, temeroso e alienado, repleto de complicações e frivolidades, sucessão de demandas e tentativas de esquecimento, é uma faceta do vivo (talvez sua faceta menos viva) que costuma nos sequestrar com facilidade para longe de nós mesmos. Mas o peso de ser persiste aqui dentro. Aqui dentro temos a leveza de um pássaro, e não de uma pluma, para usar os termos do poeta francês Paul Valéry. Na contemporaneidade, muitas vezes entendemos que nossa subjetividade é rasa, nossos desejos são consumistas, nossos vínculos descartáveis e nossas experiências vagas interações trôpegas em um mundo enevoado. Somos cada vez mais lançados para longe da nitidez, do vívido, do peso de atravessar a vida acompanhados, transformando aqueles que encontramos e sendo transformados por eles. Somos convencidos de que viver é um ato solitário e isolado, e que o mundo que mal vemos é ameaçador e hostil. "Mas há perigos no mundo", alguém diz. Há beleza e tristeza, eu poderia responder, para usar o belo título de um dos romances do escritor japonês Yasunari Kawabata. Mas há mais do que isso, não há? Há um vasto mundo para além dos nossos pontos de vista individuais e de nossas expectativas, fantasias e contrariedades, assim como há, dentro de cada um e de cada uma de nós, um lugar selvagem, que nunca se conformou à palavra e à vida em sociedade. "Enquanto eu inventar Deus, ele não existe", escreveu Clarice Lispector no conto "Perdoando Deus". Que espécie de sociedade acolheria melhor esse nosso lugar selvagem? Que espécie de relações humanas abrigariam melhor nossa interioridade plena?

Falamos para nos expressar e para nos comunicar. Quando nossa fala mais expressa nosso ser, e quando, pelo contrário, comunica algo bem diferente do que se passa em nós?

> "O raciocínio é limitado por natureza, o sentimento é infinito. Raciocinar onde é preciso sentir, isso é próprio das almas medíocres."
>
> Balzac, *A mulher de trinta anos*

Acessamos o mundo não só com nossos sentidos e nosso intelecto, mas também com nosso não saber? Se há uma coerência na existência, é uma coerência que não conseguimos entender completamente — e a mesma coisa se dá com nós mesmos. Mas não nos é confortável o espaço entre nós e as coisas. Procuramos preenchê-lo, não deixar nenhuma linha em branco. Melhor faríamos se as deixássemos como estão em vez de as rasurarmos.

Pensei muito nisso quando me divorciei. Uma amiga me perguntou: "E agora? Será que vocês vão voltar? Você vai ficar sozinha por um tempo? Ou já vai sair com outros caras? Pretende se casar de novo ou não vai se casar nunca mais? Quando se casar de novo (com esse ser imaginário), você vai topar morar junto outra vez ou vocês vão morar em casas separadas?". Aquela sabatina encontrou um eco angustiado no meu peito, que só se dissolveu quando consegui dizer para a minha amiga, mas principalmente para mim mesma: "Não sei".

Gostamos de nos sentir seguros, mas é nas brechas da insegurança que encontramos uma indeterminação interessante, pulsante, que nos lança para possibilidades que, do nosso ponto de vista, não conseguíamos ver. É nesse sentido que Nietzsche fala da fraqueza do homem convicto — se você já colonizou o mundo em que vive com o prisma de duras convicções, seu ponto de vista se fecha, e com isso se fecham as possibilidades de viver novas experiências: já se decidiu de antemão como as experiências serão vividas, o que é um modo de se fechar para elas. A pessoa convicta é uma fanática, uma prisioneira da própria ótica. É diferente de tomar uma decisão e seguir em frente, apesar de eventualmente tentarem nos demover disso. A pessoa convicta, nesse sentido de ter convicções muito engessadas, já se decidiu antes de se abrir à experiência, enquanto o decidido se abriu, caminhou pelo mundo, ouviu, viu e escolheu, de modo mais ou menos livre, por que rua ir dali em diante.

Se estamos fanáticos por quem inventamos que somos, nós nos fechamos para o movimento vivo da vida. A vida se dá em movimento, e não estar em consonância com esse movimento é um dos muitos modos de morrer.

Estamos soltos. Viver é de uma soltura às vezes indesejada. Não causa admiração que passemos a vida buscando nos escravizar das mais variadas formas. Ou viver se torna desesperador quando fugimos a todo momento dessa soltura e buscamos nos prender de tantas formas?

Há algum tempo, em uma aula de bordado, minha professora comentou algo interessante sobre liberdade. Acostumada a ensinar bordado contemporâneo a alunas de 20 e 30 anos que mal viam a hora de bordar úteros, mamilos, olhos de gato, caveiras com seus pontos russos, pontos partidos, pontos cheios e todos os pontos que pudessem aprender, ela reuniu pela primeira vez uma turma de senhoras com cerca de 70 anos. Existem jovens de 20 e poucos

> "É curioso como não posso dizer quem sou. Quer dizer, sei-o bem, mas não posso dizer. Sobretudo tenho medo de dizer, porque no momento em que tento falar não só não exprimo o que sinto como o que sinto se transforma lentamente no que eu digo. Sinto quem sou [...]. Mas é que basta silenciar para enxergar, abaixo de todas as realidades, a única irredutível, a da existência."
>
> Clarice Lispector, *Perto do coração selvagem*

anos que são senhores de 70 e tantos anos, e senhores de 70 e tantos que guardaram muito de seus 7 anos, mas nessa turma todas as senhoras de 70 anos tinham cerca de 90, ao menos no que concerne ao que se passou logo na primeira aula: quando elas perguntaram que cor de linha usariam para treinar o ponto ensinado. Assim que a professora lhes informou que elas poderiam escolher qualquer cor — *qualquer cor* —, elas se desmancharam em desconforto: "Mas como qualquer cor?". "Qualquer cor." "Mais clara ou mais escura?" "Qualquer cor." "Mas pode ser rosa ou precisa ser verde, azul?" "Qualquer cor." A turma já ficou contrariada, mas a popularidade da professora veio abaixo mesmo quando lhe perguntaram o que desenhar e ela disse qualquer desenho. "Mas que tipo de flor?" "Não precisa ser um tipo de flor, pode ser qualquer desenho."

Qualquer não dá. Qualquer já é demais. Quanto desrespeito comigo, que quero escutar o que preciso fazer. Quanto ar inaceitável contém um "qualquer" para um coração acostumado a bater menos oxigenado.

> "Revelar ao outro que ele pode ser muito mais e pode ser ele mesmo com uma liberdade total de qualquer tipo de repressão política, econômica, sexual, religiosa, psicológica etc., eu me pergunto, não pode levar uma pessoa à morte, à loucura sem retorno? [...] Talvez algumas queiram [se libertar], mas aguentarão a sua nova condição?"
>
> **Hilda Hilst,** *Fico besta quando me entendem*

Se tentássemos exprimir o que experimentamos ao agir em consonância com nosso *si mesmo*, que palavras usaríamos? Se, na vida uterina, já somos um ente — já existe uma consciência de ser, já existe um *si mesmo* feito, talvez, de curiosidade e susto diante dos sons que ouvimos sem saber a que correspondem, diante dos movimentos de nossa mãe pisando, correndo, virando-se, que fazem a barriga (nosso então mundo) balançar quando menos esperamos; diante do cordão umbilical com que brincamos, diante dos fluidos corporais e de toda a vida que corre naquele universo placentário —, se nascemos e vamos nos maravilhando com o mundo ao mesmo tempo que vamos nos assustando com o mundo e assim estando no mundo, no que consistiria seguirmos em contato com esse ente que somos, e que sempre está em movimento, e que ao mesmo não deixa de ser?

Eu incluiria uma estreita familiaridade com o que vem do corpo: as sensações de prazer e dor, o instinto de fugir, lutar ou ficar para preservar esse corpo. Odiar o corpo, estar sempre lutando contra ele, frustrado com ele ou tentando destruí-lo são, no meu entendimento, atos de um ser já muito distante de seu *si mesmo* como sonar.

Incluiria todas as nossas disposições para os sentimentos que decorrem do encontro com o outro; disposição sobretudo, talvez, para sentir alegria, raiva, tristeza e amor. Incluiria preservar a sensação de liberdade, não no sentido de imprudência, inconsequência ou egoísmo, sentidos esses já corrompidos pela miopia do

> "Não desejo mais ser feliz, e sim apenas estar consciente."
>
> Albert Camus,
> *O avesso e o direito*

mundo, pelo enquadramento já engessado pela lógica de poder. A liberdade do ser é sempre uma liberdade acompanhada; não faz sentido falar em independência do todo, mas em autonomia, em discernimento do que é decantado para dentro e do que apenas passeia e sai.

A palavra "intuição" também me vem como uma espécie de sabedoria que se sente ou se adivinha e que ultrapassa nossa capacidade racional e analítica. Sua deturpação temerosa seria a ansiedade, a agitação crônica, poderíamos dizer. Entro no avião temendo que ele caia, e esse temor só aumenta, e começo a ficar cada vez mais ansiosa, e passo mal, e a força do meu ser segue ladeira abaixo. O avião pousa, eu respiro aliviada, e entendo que minha "intuição" era apenas ansiedade. O que seria a intuição? Talvez uma espécie de vento leve que passa, nos avisa de algo e vai embora; não seguimos ladeira abaixo de nenhuma maneira, não há uma sucção abrupta para espiral mental alguma. Por isso, sinto-me mais conectada à minha intuição quando silencio, quando minha mente não está tão tremida. Ela é, para mim, suave como um ser que habita outra ordem de realidade; só abaixo de tantos ruídos e camadas sobrepostas e confusas consigo percebê-la.

A palavra "desejo" me aparece pulsante e em movimento; não como o desejo enquadrado na lógica do consumo, de "se aproveitar" do mundo, mas como uma vontade que brota de dentro ao visitar e ser visitado pelo de fora, uma fome despertada pelo prato de comida, uma inquietação de ser, de experimentar e buscar, de tornar-se; como um lançar-se para as experiências do mundo, como uma força que se preserva dentro de nós depois de nos atirarmos naquelas experiências que mais tarde classificaremos como acertos ou erros, como boas ou ruins, como cheias de sentido agora e sem nenhum sentido daqui a algum tempo. São experiências que são nossas, nos pertencem e, independentemente de nossa classificação posterior, nos preenchem com a sensação de estarmos vivos.

Certamente, eu incluiria a nossa capacidade de nos maravilhar. Se a condição humana envolve, na contemporaneidade, um estar no mundo cada vez mais perturbado e perturbador, a capacidade de nos maravilhar talvez consista em uma espécie de fresta que nos protege do autotrancamento, deixando-nos sempre uma abertura para enxergar o outro e caminhar pelo mundo.

2. O fortalecimento do si mesmo

O que é construído é o eu; o nosso *si mesmo* apenas é, apenas existe. Podemos operar construções mais nutritivas desse nosso eu, desses nossos eus? Menos achatadoras, menos distantes do nosso *si mesmo*?

Propus, anteriormente, que o que nos lança em direção à liberdade de ser nos nutre e o que nos distancia nos murcha, nos desvitaliza. Fiz minhas apostas em relação às narrativas contemporâneas que andam nesse sentido desvitalizante. Considerei nesse grupo todas aquelas que nos lançam para longe da existência acompanhada, iludindo-nos com a sensação de que estamos trancados dentro de nós, separados radicalmente de nosso entorno não apenas pelos limites da nossa pele, mas pela nossa suposta solidão e autossuficiência e nossos muros mentais muito altos. Nesse sentido, as narrativas vitalizantes só podem ser aquelas que nos lançam para dentro da existência acompanhada: para enxergar o outro, o mundo e a nós mesmos, como gosto de dizer.

Se diminuir a espessura das lentes com que enxergamos o mundo é reduzir o ruído mental, o excesso de convicções e o confinamento em certezas e se lembrar de que nosso ponto de vista é incapaz de abarcar a totalidade do mundo, aprimorar a qualidade de nossas lentes seria escolher melhor as narrativas que, em nossa existência social, acoplamos a nós mesmos. Então, as narrativas que nos lançam para dentro da existência acompanhada são aquelas que passam por uma via amorosa.

Experimento meus pensamentos como se fossem camadas dentro de mim: há os que se referem à parte prática de se estar no mundo, ao plano físico, concreto: vou à padaria, preciso realizar tal tarefa. Há os que tentam me

> "Amar os outros é a única salvação individual que conheço: ninguém estará perdido se der amor e às vezes receber amor em troca."
>
> **Clarice Lispector,**
> *A descoberta do mundo*

> "É urgente o amor/ É urgente um barco no mar/ É urgente destruir certas palavras,/ ódio, solidão e crueldade [...]/ É urgente o amor, é urgente/ permanecer."
>
> **Eugénio de Andrade,**
> "Urgentemente"
> (em *Até amanhã*)

> "Nada é real. Só o amor e a morte, mas sobre a morte não estou tão certo."
>
> Mario Levrero, *Deixa comigo*

tragar para a separação fictícia, fermentando minha raiva para que esta se torne ódio, transformando experiências que me desagradaram em melancolia, substituindo o amor fati de que fala Nietzsche pelo ressentimento, acenando com a possibilidade de fugir do mundo de modos variados. Há os criativos, que me sopram ideias, os mais sábios, que me trazem alentos, acolhimentos e avisos urgentes; chamados de intuição, nem sei se esses vêm de dentro ou de fora, mas vêm de outra ordem, da ordem de um clarão. Lembro que, certa vez, tomando café da manhã, pensei: *Preciso voltar a meditar e a praticar exercícios físicos. Há semanas não faço nem uma coisa, nem outra*. Algum tempo depois, meu namorado, alguém muito sensível, acordou e me disse: "Senti que você precisa voltar a meditar e a praticar exercícios físicos". Não tínhamos falado sobre o assunto nem, digamos, visto um filme sobre isso. Será que alguns pensamentos passeiam entre as mentes, entrando e saindo como o vento que vem para a janela? Quantos de nossos pensamentos de raiva da humanidade, do mundo e de nós mesmos são como que captados por nossas antenas mentais, por assim dizer, por estarem tão presentes no nosso modo de viver de hoje?

Muitos autores falam da vida social como um constrangimento ao indivíduo, no sentido de que viver em sociedade é viver abrindo mão da liberdade individual. O filósofo inglês Thomas Hobbes, por exemplo, indaga como é possível a ordem social, uma vez que o ser humano, para ele, é basicamente um ser que visa aos próprios interesses. Mas a questão que se coloca é: somos mesmo esses seres que buscam basicamente os próprios interesses ou somos aqueles que se iludem acreditando que estão buscando apenas os próprios interesses, sendo que o "próprio" só faz sentido se contiver o "nosso"?

Os autores que consideram a vida social um constrangimento ao indivíduo se esquecem de que o indivíduo nunca foi só, nunca foi autossuficiente. O mundo não pode ser reduzido a um empecilho para o indivíduo se expressar, porque o indivíduo habita o mundo, mas também tem um mundo habitando nele: não há uma separação radical. Que liberdade fora do mundo seria essa? Só se fosse uma liberdade entendida como egoísmo, como a negação do outro, da vida. Mais uma vez: se nossa existência no mundo é acompanhada, nossa liberdade também o é.

Se nossa autonomia é sempre uma "autonomia com", se temos consciência de que não estamos separados uns dos outros como se costuma pensar, então a liberdade genuína, a liberdade acompanhada, é possível em uma ordem social, até porque não existe fora dela. É claro que nossa ordem social não vai no sentido de florescer essa liberdade genuína em nós, e sim no de substituir nossa ânsia de liberdade pelo desejo de trancamento, e, com isso, ficamos cada vez mais perturbados. Afinal, nos lançamos numa ficção, a ficção do isolamento, da fuga, do não habitar o mundo. Como seria uma ordem social em que nossa liberdade acompanhada pudesse florescer? Mais uma vez, não se trata de pensar num estar no mundo perfeito; prefiro pensar num mundo mais livre e numa justiça de fato humana, e não desdobrada de nossas tentativas de trancamento e exclusão.

Pensando no âmbito individual, nesse indivíduo (divíduo) acompanhado que eu e você somos, como agirmos no sentido mais de cuidar dos outros do que de temê-los ou atacá-los, mais de protagonizar nossa existência do que sermos passivos em relação às forças desvitalizantes, mais no sentido de nos fortalecer do que nos enfraquecer e enfraquecer aqueles que convivem conosco?

Quando você se sente mais livre? Quando se sente mais em consonância com seu *si mesmo*? E como seria uma vida assim, mais próxima a esse *si mesmo*?

Ao longo da prática de meditação e da análise, fui percebendo que me sentia mais próxima de mim mesma quando era capaz de amar, ou simplesmente de cuidar e de me permitir ser cuidada. Mas eu tinha uma ideia de amor em minha cabeça. E falar desse amor que eu idealizava me soava cafona e fazia com que me sentisse uma aspirante muito malsucedida a monja. Eu me sentia imediatamente culpada por meus erros, frustrada por ser a humana que sou e distante de quem eu queria ser. Então me perguntei quem eu queria ser, mas eu

"Pessoas livres podem vencer o mundo da guerra, se seguirmos na mesma direção. E seu companheiro, meu amigo, é seu vizinho. O vizinho é um personagem terrivelmente importante. Nós necessitamos de mutuamente cuidar uns dos outros. Se está doente, vá vê-lo. Se tem fome, alimente-o. Se está desempregado, ajude-o a conseguir um emprego. Quase ninguém conhece o seu vizinho. Um cara com um cão latindo e uma cerca alta ao redor dele. Você não pode ser um estranho para um cara que está na sua própria equipe. Derrube as cercas que os separam. Derrube e nos livraremos de ódios e desentendimentos."

Frank Capra,
Adorável vagabundo

não sabia direito. Então me perguntei quem eu era, e essa me pareceu uma pergunta mais honesta, embora ela também seja uma pergunta difícil. Percebi que me sentia como se houvesse camadas e mais camadas de poeira por cima de quem eu era. Então desisti de responder a essa pergunta e passei apenas a buscar agir em maior consonância com esse lugar interno onde me descubro mais desarmada, inocente e entusiasmada: mais livre. E assim as coisas ficaram mais simples e reais.

Percebi que, quando estou em maior consonância com esse lugar, eu nem me questiono (muito) sobre as experiências que quero vivenciar ou deixar de vivenciar, se errei ou acertei, se sou má ou boa, onde tenho que melhorar ou piorar. Passei a me prender cada vez menos em julgamentos e dicotomias e a me entregar à vida mais desinteressadamente, permitindo-me vivenciar as experiências que agora, mais livre do medo, eu queria vivenciar, inclusive as desagradáveis. À medida que fui agindo assim, fui me descobrindo uma pessoa mais suave, corajosa... e amorosa. Mas não me refiro aqui àquele amor do tipo idealizado. Eu simplesmente me senti abrindo mão da necessidade de lutar tanto contra a existência: contra meu passado, contra meu futuro, contra as pessoas, contra o mundo, contra quem eu (achava que) era. Fui (vou) a cada dia me soltando de meus medos mais subterrâneos. Ganhando mais intimidade com um lugar interior de quietude e confiança. Reduzindo as expectativas em relação ao ponto em que eu queria chegar nessa busca, e apenas indo.

Então baixei da minha estante livros de Clarice Lispector, e romances de outros autores, e os livros de filosofia que havia lido na faculdade, e fui lembrando de músicas e poemas que me habitaram, e entrando em contato com todos aqueles autores com um olhar mais faminto do que nunca. Fui lendo meus diários antigos, e me lembrando de sonhos, e relembrando tantas experiências vividas e observadas. E então escrevi este livro.

    Que tenha sido uma leitura proveitosa, e também algo mais que uma leitura.

ALGUNS DOS LIVROS QUE HABITARAM EM MIM AO ESCREVER ESTE LIVRO

ABREU, Caio Fernando. *Além do ponto e outros contos*. São Paulo: Ática, 2015.

ADICHIE, Chimamanda Ngozi. *No seu pescoço*. São Paulo: Companhia das Letras, 2017.

ANDRADE, Carlos Drummond de. *Sentimento do mundo*. Rio de Janeiro: MEDIAfashion, 2008. (Coleção Folha Grandes Escritores Brasileiros).

ANDRADE, Eugénio de. *Até amanhã*. Lisboa: Assírio & Alvim, 2012.

ARIEL, Marcelo. *Jaha ñade ñañombovy'a*. Guaratinguetá, SP: Penalux, 2018.

ASSIS, Machado de. *Papéis avulsos*. São Paulo: Penguin/Companhia das Letras, 2011.

BALZAC, Honoré de. *A mulher de trinta anos*. Porto Alegre: L&PM, 1998. (Coleção L&PM Pocket).

BERLIN, Lucia. *Manual da faxineira*: contos escolhidos. São Paulo: Companhia das Letras, 2017.

CAEIRO, Alberto. *Poemas de Alberto Caeiro*. Porto Alegre: L&PM, 2006.

CAMPBELL, Joseph. *O poder do mito*. São Paulo: Palas Athena, 1990.

DEBORD, Guy. *A sociedade do espetáculo*. Rio de Janeiro: Contraponto, 1997.

DESCARTES, René. *Meditações metafísicas*. São Paulo: Nova Cultural, 1999. (Coleção Os Pensadores).

DICKINSON, Emily. *Poemas escolhidos*. Porto Alegre: L&PM, 2007. (Coleção Pocket Plus).

DINIZ, Cristiano (Org.). *Fico besta quando me entendem*: entrevistas com Hilda Hilst. São Paulo: Globo, 2013.

ESPINOSA, Baruch. *Ética demonstrada à maneira dos geômetras*. São Paulo: Abril Cultural, 1973. (Coleção Os Pensadores).

FREITAS, Manuel de. *[SIC]*. Lisboa: Assírio & Alvim, 2002. (Coleção Poesia Inédita Portuguesa).

HAN, Byung-Chul. *Agonia do Eros*. Petrópolis, RJ: Vozes, 2017.

HILST, Hilda. *Da poesia*. São Paulo: Companhia das Letras, 2017.

HOUELLEBECQ, Michel. *Plataforma*. Rio de Janeiro: Record, 2002.

JESUS, Carolina Maria de. *Quarto de despejo*. São Paulo: Ática, 2014.

JUNG, Carl Gustav; WILHELM, R. *O segredo da flor de ouro*: um livro de vida chinês. Petrópolis, RJ: Vozes, 2013.

KAFKA, Franz. *Aforismos de Zürau*. Bragança Paulista, SP: Urutau, 2017.

KANT, Immanuel. *Crítica da razão pura*. São Paulo: Nova Cultural, 1999. (Coleção Os Pensadores).

KAUR, Rupi. *Outros jeitos de usar a boca*. São Paulo: Planeta, 2017.

LEÃO, Sônia Carneiro. *O olhar de Buda: haicais*. [S.l.: s.n.], 2018.

LEMINSKI, Paulo. *Toda poesia*. São Paulo: Companhia das Letras, 2013.

LEVRERO, Mario. *Deixa comigo*. Rio de Janeiro: Rocco, 2013.

LISPECTOR, Clarice. *A descoberta do mundo*. Rio de Janeiro: Rocco, 1999.

_____. *A paixão segundo G.H*. Rio de Janeiro: Rocco, 2009.

_____. *Perto do coração selvagem*. São Paulo: MEDIAfashion, 2017. (Coleção Folha - Mulheres na Literatura).

MARQUES, Ana Martins. *O livro das semelhanças*. São Paulo: Companhia das Letras, 2015.

MURAKAMI, Haruki. *Minha querida Sputnik*. Rio de Janeiro: Alfaguara/Objetiva, 2008.

_____. *Crônica do pássaro de corda*. São Paulo: Alfaguara, 2017.

NHÂT-HANH, Thich. *A arte de sentar*. Rio de Janeiro: Agir, 2015.

NIETZSCHE, Friedrich. *Humano, demasiado humano*. São Paulo: Companhia de Bolso, 2005.

PAMUK, Orhan. *Neve*. São Paulo: Companhia das Letras, 2006.

PLATÃO. *A República*. São Paulo: Martins Fontes, 2006.

PLATH, Sylvia. *A redoma de vidro*. São Paulo: Biblioteca Azul, 2014.

ROUSSEAU, Jean-Jacques. *Discurso sobre a origem e os fundamentos da desigualdade entre os homens*. São Paulo: Abril Cultural, 1983. (Coleção Os Pensadores).

SLOTERDIJK, Peter. *Esferas 1*. São Paulo: Estação Liberdade, 2016.

WILDE, Oscar. *O retrato de Dorian Gray*. Porto Alegre: L&PM, 2016.

YUTANG, Lin. *A importância de viver*. Rio de Janeiro: Globo, 1997.

ZANETTINI, Germana. *Eletrocardiodrama*. São Paulo: Laranja Original, 2018.

Sobre mim

Quem escreve costuma ouvir a pergunta: por que você escreve? Minha resposta, como a de tantos que escrevem, costuma ser: não sei. Mas lembro que, quando era criança em Belo Horizonte e algum adulto me perguntava o que eu seria quando crescesse, sempre respondia escritora (às vezes astronauta). Mais tarde descobri que não existia "faculdade de escritora" e decidi cursar jornalismo. Também me formei em filosofia.

Fui editora de comportamento da revista *Claudia* e colaborei para outras publicações. Sou autora de sete livros de ficção, entre eles o juvenil *O diário de Débora* e o adulto *Ela queria amar, mas estava armada* (finalista do Jabuti na categoria Contos em 2020). Hoje dou aulas de escrita criativa e moro em São Paulo com meu marido, meus dois filhos e a gata Lulua. Sigo escrevendo intensamente e compartilhando reflexões no Instagram @liliprata e no site lilianeprata.com.br. *O mundo que habita em nós* (adotado para estudantes de Ensino Médio no PNLD Literário 2021) é meu primeiro livro de não ficção, e o processo de escrevê-lo foi muito significativo para mim. Que a leitura seja assim para você também.